BEHERRSCHEN SIE DIE KUNST, NUDELN IN EINER PFANNE ZUZUBEREITEN

100 köstliche Nudelgerichte, eine Pfanne, kein Aufwand

BRUNHILD JÄGE

Urheberrechtliches Material ©2023

Alle Rechte vorbehalten

Kein Teil dieses Buches darf ohne die entsprechende schriftliche Zustimmung des Herausgebers und Urheberrechtsinhabers in irgendeiner Form oder auf irgendeine Weise verwendet oder übertragen werden, mit Ausnahme von kurzen Zitaten, die in einer Rezension verwendet werden. Dieses Buch sollte nicht als Ersatz für medizinische, rechtliche oder andere professionelle Beratung betrachtet werden.

INHALTSVERZEICHNIS

INHALTSVERZEICHNIS 3
EINFÜHRUNG 7
FUSILI-NUDELN 8
   1. Würziger vegetarischer Nudelauflauf 9
   2. Knoblauch-Pilz-Fusilli mit Birnensalat 11
   3. Gegrillter vegetarischer Fusilli-Nudelsalat 13
   4. Pikanter Cheddar-Fusilli-Salat 15
   5. Crimini-Nudelauflauf 17
   6. Fusilli mit sonnengetrockneten Tomaten 19
   7. Rinderhackfleisch und Nudeln in einer Pfanne 21
   8. Eintopf-Hühnchen-Fusilli 23
   9. One-Pot Chicken & Veggie Fusilli 25
PENNE-NUDELN 28
   10. Zitronen-Hähnchen-Penne-Nudeln 29
   11. Fleischbällchen-Mostaccioli mit drei Käsesorten 32
   12. Pasta mit geräuchertem Lachs 34
   13. Penne alla Wodka 36
   14. Nussige Hühnernudeln 38
   15. Penne Beef Bake 40
   16. Käse-Hähnchen-Sahne-Pasta 42
   17. Gebackene Penne mit Putenfleischbällchen 44
   18. Klassische Penne-Nudeln 46
ROTINI-NUDELN 48
   19. Nudelsalat mit Garnelen und Kirschtomaten 49
   20. Frische Zitronennudeln 52
   21. Käse-Peperoni-Rotini-Salat 54
   22. Cremige Tomaten-Rotini-Pasta in einem Topf 56
   23. Würzige Rindfleisch-Rotini in einem Topf 58
   24. Hühnchen-Brokkoli-Rotini in einem Topf 60
   25. One-Pan Rotini mit Tomaten-Sahnesauce 62
   26. Parmesan-Rotini-Pfanne 64
   27. One-Pan Chicken Rotini 66
JUMBO-SCHALEN 68
   28. Mit italienischer Wurst gefüllte Muscheln 69
   29. Mit Spinat und drei Käsesorten gefüllte Muscheln 72

30. Dekadente, mit Spinat gefüllte Muscheln 75
31. Mit Knoblauch gefüllte Jumbo-Nudelschalen 77
32. Gefüllte Nudelschalen vom Herd 80
33. Mit vegetarischen Pfannen gefüllte Muscheln 83
34. Mit Taco gefüllte Nudelschalen 86
35. Sommerliche gefüllte Muscheln 88

LINGUINE-PASTA 91
36. Romano-Linguine-Nudelsalat 92
37. Zitronen-Ricotta-Nudeln mit Kichererbsen 94
38. Garnelen Carbonara 97
39. Linguine-Muschel-Sauce 100

ENGELSHAAR PASTA 102
40. One-Skillet Pasta 103
41. Engelshaar-Garnelen-Auflauf 105
42. Garnelen-Scampi-Pfanne 107

GNOCCHI 109
43. Cremiges Hühnchen und Gnocchi aus einer Pfanne 110
44. Gnocchi mit Kräuterpesto 113
45. Salbei-Mascarpone-Gnocchi 115

FETTUCINI 118
46. Klassischer Alfredo 119
47. Crimini Nudelauflauf 121
48. Knoblauch-Parmesan-Nudeln in einem Topf 123
49. One-Pot Chicken Bacon Fettuccine Alfredo 125
50. Pilzfettuccine 127

Rigatoni-Nudeln 129
51. Romano Rigatoni-Auflauf 130
52. Veganes Rigatoni-Basilikum 132

ELLENBOGENMAKARONI 134
53. BLT-Nudelsalat 135
54. Spinat-Artischocken-Mac-and-Cheese 137
55. Chili-Mac-Auflauf 139

ZITI PASTA 141
56. Gebackene Ziti 142
57. Provolone Ziti Bake 144
58. Rindfleisch-Ziti-Auflauf 146
59. Gebackener Ziti 148

60. Ziti-Wurstauflauf 150

SPAGHETTI-NUDELN **152**
   61. Pesto-Garnelen mit Pasta 153
   62. Thunfischnudeln 155
   63. Sonnige heiße Spaghetti 157
   64. Spaghetti-Bolognese-Pfannenauflauf 159
   65. Jakobsmuscheln mit Spaghetti 162
   66. Sonnige heiße Spaghetti 164
   67. Hähnchen-Tetrazzini 166
   68. Gebackene Rigatoni und Fleischbällchen 168
   69. Schnelle Spaghetti-Pfanne 170
   70. Einfache Spaghetti 172
   71. Garnelen Lo Mein 174
   72. Hühnchen-Tetrazzini 176
   73. Nudelwurstpfanne 178
   74. Pfannen-Hähnchennudeln 180
   75. Pasta alla Norma Bratpfanne 183
   76. Ziti und Spaghetti mit Wurst 186

BUCATINI-NUDELN **188**
   77. One-Pan Bucatini mit Lauch und Zitrone 189
   78. Tomaten-Burrata-Nudeln 192
   79. Zitronen-Basilikum-Nudeln mit Rosenkohl 194
   80. Eintopf-Maiscreme-Bucatini 197

ORZO **199**
   81. Parmesan Orzo 200
   82. Minziger Feta-Orzo-Salat 202
   83. Eintopf-Tomaten-Orzo 204
   84. Hühnchen-Orzo-Pfanne 206
   85. Orzo- und Portobello-Auflauf 208
   86. One-Pan Orzo mit Spinat und Feta 210

FARFALLE/FLIEGE **212**
   87. Pasta Rustica 213
   88. Crème Fraiche Hühnchennudeln 215
   89. Hühnchenfilets und Farfalle-Salat 217
   90. Makkaroni-Meeresfrüchte-Salat 219
   91. Butternuss-Mangold-Nudelauflauf 221

LASAGNE **223**

92. Spanische Lasagne 224
93. Kürbis-Salbei-Lasagne mit Fontina 226
94. Lasagne mit beladenen Nudelschalen 229
95. Hühnerlasagne 231
96. Südwestliche Lasagne 233
97. Klassische Lasagne 235
98. Pikante Lasagne 237
99. Ratatouille-Lasagne 240
100. Peperoni-Lasagne 243
101. Slow Cooker Lasagne 245

SCHLUSSFOLGERUNG **247**

EINFÜHRUNG

Willkommen bei „Beherrschen sie die kunst, nudeln in einer pfanne zuzubereiten", einer kulinarischen Reise, die Ihr Kocherlebnis verändern und es einfacher, bequemer und unkomplizierter machen wird. Nudelgerichte aus einer Pfanne sind zu einem beliebten Trend in der Welt des Kochens geworden, und in diesem Kochbuch laden wir Sie ein, die Kunst zu meistern, mit nur einer Pfanne köstliche Nudelgerichte zuzubereiten.

Unsere Reise durch das Nudelkochen in einer Pfanne führt Sie in die Eleganz der Einfachheit ein. Egal, ob Sie ein erfahrener Hobbykoch oder neu in der Küche sind, dieses Buch ist Ihr Leitfaden für die Zubereitung von 100 köstlichen Nudelgerichten mit minimalem Aufwand und maximalem Geschmack. Wir erkunden die Techniken, Zutaten und Methoden, die das Nudelkochen in einer Pfanne zu einer kulinarischen Revolution machen.

Während wir uns auf dieses unkomplizierte Abenteuer einlassen, bereiten wir uns darauf vor, die Geheimnisse der Zubereitung von One-Pan-Pasta zu lüften. Von klassischen italienischen Favoriten bis hin zu innovativen und kreativen Rezepten entdecken Sie die Freude am einfachen Kochen und genießen dabei köstliche Pastagerichte. Tauchen wir ein in „Beherrschen sie die kunst, nudeln in einer pfanne zuzubereiten" und vereinfachen Sie Ihr kulinarisches Erlebnis, Pfanne für Pfanne.

FUSILI-NUDELN

1. Würziger vegetarischer Nudelauflauf

Ergibt: 6 Portionen
ZUTATEN:
- 3 Tassen ungekochte Spiralnudeln wie Fusili
- 1 mittelgelber Sommerkürbis
- 1 kleine Zucchini
- 1 mittelsüße rote Paprika
- 1 mittelgroße grüne Paprika
- 1 Esslöffel Olivenöl
- 1 kleine rote Zwiebel, halbiert und in Scheiben geschnitten
- 1 Tasse geschnittene frische Champignons
- 1/2 Teelöffel Salz
- 1/4 Teelöffel Pfeffer
- 1/4 Teelöffel zerstoßene rote Paprikaflocken
- 1 Glas (24 Unzen) würzige Marinara-Sauce
- 8 Unzen frische Mozzarella-Käseperlen
- Optional mit geriebenem Parmesan und frischem Basilikum julienned

ANWEISUNGEN:
a) Backofen auf 375° vorheizen. Nudeln nach Packungsanweisung al dente kochen; Abfluss.
b) Kürbisse und Paprika in 1/4-Zoll große Stücke schneiden. Julienne-Streifen. In einem 12-Zoll. Gusseisen oder anderes ofenfeste Pfanne, Öl bei mittlerer bis hoher Hitze erhitzen. Zwiebeln, Pilze und Julienne-Gemüse hinzufügen; kochen und rühren, bis es knusprig und zart ist, 5–7 Minuten.
c) Gewürze einrühren. Marinara-Sauce und Nudeln hinzufügen; Zum Kombinieren werfen. Mit Käseperlen belegen.
d) In den Ofen geben; ohne Deckel backen, bis der Käse geschmolzen ist, 10-15 Minuten. Nach Belieben vor dem Servieren mit Parmesankäse und Basilikum bestreuen.

2. Knoblauch-Pilz-Fusilli mit Birnensalat

Macht: 2

ZUTATEN:
- 1 braune Zwiebel
- 2 Knoblauchzehen
- 1 Päckchen geschnittene Champignons
- 1 Päckchen Knoblauch-Kräuter-Gewürz
- 1 Päckchen leichte Kochsahne (enthält Milch)
- 1 Päckchen Hühnerbrühepulver
- 1 Päckchen Fusilli (Enthält Gluten; Kann vorhanden sein: Ei, Soja)
- 1 Birne
- 1 Tüte gemischter Blattsalat
- 1 Päckchen Parmesankäse (enthält Milch)
- Olivenöl
- 1,75 Tassen kochendes Wasser
- Ein Schuss Essig (Balsamico- oder Weißwein)

ANWEISUNGEN:

a) Den Wasserkocher zum Kochen bringen. Die braune Zwiebel und den Knoblauch fein hacken. Einen großen Topf bei mittlerer bis hoher Hitze erhitzen und großzügig mit Olivenöl beträufeln. Kochen Sie die geschnittenen Pilze und Zwiebeln unter gelegentlichem Rühren, bis sie gerade weich sind. Dies dauert etwa 6 bis 8 Minuten. Fügen Sie den Knoblauch und das Knoblauch-Kräuter-Gewürz hinzu und kochen Sie es etwa 1 Minute lang, bis es duftet.

b) Fügen Sie die leichte Kochsahne, kochendes Wasser (1 3/4 Tassen für 2 Personen), Hühnerbrühepulver und Fusilli hinzu. Umrühren und zum Kochen bringen. Reduzieren Sie die Hitze auf mittlere Stufe, decken Sie sie mit einem Deckel ab und kochen Sie sie unter gelegentlichem Rühren, bis die Nudeln „al dente" sind. Dies dauert etwa 11 Minuten. Unter den gehobelten Parmesankäse rühren und mit Salz und Pfeffer abschmecken.

c) Während die Nudeln kochen, schneiden Sie die Birne in dünne Scheiben. In eine mittelgroße Schüssel einen Spritzer Essig und Olivenöl geben. Das Dressing mit gemischten Salatblättern und Birne belegen. Würzen und vermischen.

d) Die cremigen Eintopf-Pilz-Fusilli auf Schüsseln verteilen. Mit dem Birnensalat servieren. Genießen Sie Ihr köstliches Essen!

3. Gegrillter vegetarischer Fusilli-Nudelsalat

Macht: 8-10
ZUTATEN:
NUDELSALAT
- 1 Pfund Fusilli
- 2 Tassen gewürfelte gegrillte rote und gelbe Paprika
- 2 Tassen halbierte Kirschtomaten
- 2 Tassen gewürfelte gegrillte Zwiebeln
- 2 Tassen Rotweinvinaigrette

ROTWEIN-VINAIGRETTE
- 1 Tasse natives Olivenöl extra
- ⅓ Rotweinessig
- 2 Esslöffel Wasser
- 4 Knoblauchzehen, fein gerieben
- 2 Teelöffel Dijon-Senf
- 2 Teelöffel getrockneter Oregano
- 2 Teelöffel granulierte Zwiebel
- 1 Prise zerstoßene Chiliflocken
- 2 Teelöffel koscheres Salz
- 1 Teelöffel frisch gemahlener schwarzer Pfeffer
- 2 Esslöffel Honig

ANWEISUNGEN
ROTWEIN-VINAIGRETTE:
a) Alle Zutaten in einen Behälter mit dicht schließendem Deckel geben.
b) Gut schütteln und im Kühlschrank aufbewahren, bis es benötigt wird.

NUDELSALAT
c) Bereiten Sie die Nudeln wie auf der Packung angegeben zu.
d) Nach dem Garen die Fusilli abseihen und in kaltem Wasser abkühlen lassen, um den Garvorgang zu stoppen.
e) Geben Sie die Nudeln in eine große Schüssel und vermischen Sie sie mit den restlichen Zutaten.
f) Gründlich mischen, dann über Nacht stehen lassen.

4.Leckerer Cheddar-Fusilli-Salat

Macht: 10
ZUTATEN:
- 2 Esslöffel Olivenöl
- 6 Frühlingszwiebeln, gehackt
- 1 Teelöffel Salz
- 3/4 C. gehackte eingelegte Jalapenopfeffer
- 1 (16 oz.) Packung Fusilli-Nudeln
- 1 (2,25 Unzen) Dose schwarze Oliven in Scheiben schneiden
- 2 Pfund extra mageres Rinderhackfleisch
- (Optional)
- 1 (1,25 Unzen) Packung Taco-Gewürzmischung
- 1 (8 Unzen) Packung geriebener Cheddar
- 1 (24 oz.) Glas milde Salsa
- Käse
- 1 (8 oz.) Flasche Ranch-Dressing
- 1 1/2 rote Paprika, gehackt

ANWEISUNGEN:

a)   Stellen Sie einen großen Topf auf mittlere Hitze. Füllen Sie es mit Wasser und rühren Sie das Olivenöl mit Salz hinein.

b)   Kochen Sie es, bis es zu kochen beginnt.

c)   Die Nudeln hinzufügen und 10 Minuten kochen lassen. Nehmen Sie es aus dem Wasser und legen Sie es zum Abtropfen beiseite.

d)   Stellen Sie eine große Pfanne auf mittlere Hitze. Das Rindfleisch darin 12 Min. anbraten. Entsorgen Sie das überschüssige Fett.

e)   Fügen Sie das Taco-Gewürz hinzu und vermischen Sie alles gut. Stellen Sie die Mischung beiseite, um die Hitze vollständig zu verlieren.

f)   Besorgen Sie sich eine große Rührschüssel: Mischen Sie darin Salsa, Ranch-Dressing, Paprika, Frühlingszwiebeln, Jalapenos und schwarze Oliven.

g)   Fügen Sie die Nudeln mit gekochtem Rindfleisch, Cheddar-Käse und der Dressingmischung hinzu. Rühren Sie sie gut um. Legen Sie ein Stück Plastikfolie über die Salatschüssel. Für 1 Stunde und 15 Minuten in den Kühlschrank stellen.

5. Crimini-Nudelauflauf

Macht: 6

ZUTATEN:
- 8 Stunden Crimini-Pilze
- 1/3 Tasse Parmesankäse, gerieben
- 1 Tasse Brokkoliröschen
- 3 Esslöffel Kräuter der Provence
- 1 Tasse Spinat, frisches Blatt, dicht verpackt
- 2 Esslöffel natives Olivenöl extra
- 2 rote Paprika, julieniert
- 1 Esslöffel Salz
- 1 große Zwiebel, gehackt
- 1/2 Esslöffel Pfeffer
- 1 Tasse Mozzarella-Käse, gerieben
- 1 Tasse Tomatensauce
- 2/3 Pfund Nudeln

ANWEISUNGEN:

a)   Bevor Sie irgendetwas tun, stellen Sie den Ofen auf 450 F ein. Fetten Sie eine Auflaufform mit Öl oder Kochspray ein.

b)   Besorgen Sie sich eine große Rührschüssel: Geben Sie Pilze, Brokkoli, Spinat, Paprika und Zwiebeln hinein.

c)   Fügen Sie 1 Esslöffel Olivenöl, Salz und Pfeffer hinzu und rühren Sie alles noch einmal um.

d)   Das Gemüse in der gefetteten Form verteilen und 10 Minuten im Ofen garen .

e)   Kochen Sie die Nudeln, bis sie fest sind. Die Nudeln abtropfen lassen und beiseite stellen.

f)   Besorgen Sie sich eine große Rührschüssel: Mischen Sie 1 Esslöffel Olivenöl mit gebackenem Gemüse, Nudeln, Kräutern und Mozzarella-Käse. Die Mischung wieder in der Auflaufform verteilen.

g)   Den Käse darüberstreuen und 20 Minuten kochen lassen. Warm servieren und genießen.

6.Fusilli mit sonnengetrockneten Tomaten

Macht: 6

ZUTATEN:
- 8 Unzen Fusilli oder Rotelle mit Gemüsegeschmack
- 1 Esslöffel natives Olivenöl
- 1/2 Teelöffel Peperoniflocken
- 2 große Knoblauchzehen, gehackt
- 2 Frühlingszwiebeln, gehackt
- 2 Esslöffel sonnengetrocknete Tomaten, gehackt
- 1 Esslöffel gehackte Ingwerwurzel
- 1 Esslöffel geriebene Orangenschale
- 1 Esslöffel Tomatenmark
- 1/2 Tasse italienische Pflaumentomaten aus der Dose, abgetropft und gehackt
- 1/4 Tasse Hühnerbrühe
- Salz und Pfeffer nach Geschmack
- 2 Esslöffel gehackter Schnittlauch
- 1 Teelöffel Sesamöl

ANWEISUNGEN:
a) Beginnen Sie damit, einen großen Topf Wasser zum Kochen zu bringen. Kochen Sie die Nudeln, bis sie al dente sind, normalerweise 8 bis 10 Minuten. Anschließend die Nudeln in einem Sieb abtropfen lassen und beiseite stellen.
b) In einer großen beschichteten Pfanne das native Olivenöl erhitzen. Fügen Sie die Peperoniflocken, den gehackten Knoblauch, die gehackten Frühlingszwiebeln, die sonnengetrockneten Tomaten, die Ingwerwurzel und die geriebene Orangenschale hinzu. Diese Mischung etwa eine Minute lang unter Rühren braten.
c) Geben Sie die gekochten Nudeln in die Pfanne und braten Sie sie eine weitere Minute lang an.
d) Tomatenmark, gehackte Pflaumentomaten, Hühnerbrühe, Salz und Pfeffer hinzufügen. Alle Zutaten gründlich vermischen und kochen, bis alles durchgeheizt ist.
e) Zum Schluss das Gericht mit gehacktem Schnittlauch garnieren und mit Sesamöl beträufeln.
f) Genießen Sie Ihre aromatischen Fusilli mit sonnengetrockneten Tomaten!

7.Hackfleisch und Pasta in einer Pfanne

Macht: 4

ZUTATEN:
- 1 Esslöffel natives Olivenöl extra
- 1 Pfund 90 % mageres Rinderhackfleisch
- 8 Unzen Pilze, fein gehackt oder gehackt
- 1/2 Tasse gewürfelte Zwiebel
- 1 15-Unzen-Dose Tomatensauce ohne Salzzusatz
- 1 Tasse Wasser
- 1 Esslöffel Worcestershire-Sauce
- 1 Teelöffel italienisches Gewürz
- 3/4 Teelöffel Salz
- 1/2 Teelöffel Knoblauchpulver
- 8 Unzen Vollkorn-Rotini oder Fusilli
- 1/2 Tasse geriebener extrascharfer Cheddar-Käse
- 1/4 Tasse gehackter frischer Basilikum zum Garnieren

ANWEISUNGEN:

a) Erhitzen Sie zunächst das native Olivenöl extra in einer großen Pfanne bei mittlerer Hitze. Fügen Sie das Hackfleisch, die gehackten Pilze und die gewürfelten Zwiebeln hinzu. Kochen und rühren, bis das Rindfleisch nicht mehr rosa ist und die Pilzflüssigkeit größtenteils verdampft ist. Dies dauert etwa 8 bis 10 Minuten.

b) Tomatensauce, Wasser, Worcestershire-Sauce, italienische Gewürze, Salz und Knoblauchpulver einrühren.

c) Die Nudeln in die Pfanne geben und zum Kochen bringen.

d) Decken Sie die Pfanne ab, reduzieren Sie die Hitze und kochen Sie unter gelegentlichem Rühren, bis die Nudeln weich sind und den größten Teil der Flüssigkeit aufgesogen haben. Dies dauert normalerweise etwa 16 bis 18 Minuten.

e) Bestreuen Sie die Nudeln mit dem geriebenen Cheddar-Käse, decken Sie die Pfanne ab und kochen Sie weiter, bis der Käse geschmolzen ist, was normalerweise 2 bis 3 Minuten dauert.

f) Bei Bedarf das Gericht vor dem Servieren mit gehacktem frischem Basilikum garnieren.

g) Genießen Sie Ihr Hackfleisch- und Nudelgericht in einer Pfanne! Experimentieren Sie gerne mit verschiedenen Käsesorten wie Mozzarella, Provolone oder Asiago, um eine einzigartige Geschmacksvariante zu erzielen.

8. Eintopf-Hühnchen-Fusilli

Macht: 4

ZUTATEN:
- 2 Esslöffel Olivenöl
- 1 Pfund Hähnchenbrust ohne Knochen und Haut, gewürfelt
- 3 Knoblauchzehen, gehackt
- 1/2 Teelöffel italienisches Gewürz
- 1 Karton Hühnerbrühe
- 2 mittelgroße Tomaten, gehackt
- 12 Unzen ungekochte Fusilli-Nudeln
- 1 mittelgroße rote Paprika, gewürfelt
- 2 Esslöffel geriebener Parmesankäse

ANWEISUNGEN:

a) In einem großen Topf das Olivenöl bei mittlerer bis hoher Hitze erhitzen. Fügen Sie das gewürfelte Hähnchenfleisch hinzu und kochen Sie es unter gelegentlichem Rühren 5 Minuten lang, bis es gebräunt ist. Den gehackten Knoblauch und die italienischen Gewürze unterrühren. kochen und 30 Sekunden lang umrühren.

b) Hühnerbrühe und gehackte Tomaten einrühren; gut mischen. Die Fusilli-Nudeln hinzufügen und zum Kochen bringen. Reduzieren Sie die Hitze auf mittlere Stufe und lassen Sie es ohne Deckel unter gelegentlichem Rühren 8 Minuten lang sanft kochen.

c) Die gewürfelten roten Paprika unterrühren. Etwa 4 Minuten kochen lassen oder bis die Nudeln und Paprika weich sind und das Huhn vollständig gegart ist. Den geriebenen Käse unterrühren.

9.Eintopf-Fusilli mit Hühnchen und Gemüse

Macht: 2
ZUTATEN:
- 1 Stange Sellerie
- 1 Karotte
- 1 Päckchen gewürfeltes Hähnchen
- 1 Päckchen Fusilli
- 1 Päckchen Hühnerbrühepulver
- 1/2 Päckchen Sahne
- 1 Beutel Babyspinatblätter
- 1 Beutel Petersilie
- 1 Prise Chiliflocken (falls verwendet)
- 1 Päckchen australische Gewürzmischung
- Olivenöl
- 2 Tassen kochendes Wasser

ANWEISUNGEN:

a) Beginnen Sie mit dem Kochen des Wasserkochers. Den Sellerie fein hacken und die Karotte reiben. Dies ist ein Schritt, bei dem ältere Kinder unter Aufsicht eines Erwachsenen beim Reiben der Karotte helfen können.

b) In einem großen Topf einen Schuss Olivenöl bei starker Hitze erhitzen. Sobald das Öl heiß ist, kochen Sie das gewürfelte Hähnchen mit einer Prise Salz und Pfeffer und schwenken Sie es gelegentlich, bis es gebräunt und durchgegart ist. Dies dauert etwa 5 bis 6 Minuten. Übertragen Sie das Huhn auf einen Teller. Stellen Sie den Topf mit einem weiteren Schuss Olivenöl wieder auf mittlere bis hohe Hitze. Den Sellerie und die Karotte ca. 4–5 Minuten kochen, bis sie weich sind.

c) Geben Sie die australische Gewürzmischung in die Pfanne und kochen Sie sie etwa 1 Minute lang, bis sie duftet. Fügen Sie die Fusilli, das Hühnerbrühepulver und das kochende Wasser (2 Tassen für 2 Personen) hinzu und geben Sie das gekochte Huhn unter Rühren wieder in die Pfanne. Bringen Sie es zum Kochen und reduzieren Sie dann die Hitze auf mittlere bis niedrige Stufe. Mit einem Deckel abdecken und unter gelegentlichem Rühren köcheln lassen, bis die Fusilli „al dente" sind. Dies dauert etwa 12–14 Minuten. Nehmen Sie den Deckel von der Pfanne, rühren Sie dann die Sahne und die Babyspinatblätter hinein und lassen Sie sie etwa 1–2 Minuten köcheln, bis die Mischung leicht eingedickt ist und der Spinat zusammengefallen ist. Großzügig mit Salz und Pfeffer würzen.

d) Die Eintopf-Creme-Hähnchen-Gemüse-Fusilli auf Schüsseln verteilen. Mit einer Prise Chiliflocken (falls verwendet) garnieren und zum Servieren über die Petersilie streuen. Guten Appetit!

e) Kleine Köche können dem Ganzen den letzten Schliff geben und die Petersilie darüber träufeln.

PENNE

10. Zitronen-Hähnchen-Penne-Nudeln

Macht: 4
ZUTATEN:
- 8 Unzen Penne-Nudeln
- 2 Hähnchenbrüste ohne Knochen und Haut, in mundgerechte Stücke geschnitten
- Salz und schwarzer Pfeffer nach Geschmack
- 2 Esslöffel Olivenöl
- 3 Knoblauchzehen, gehackt
- Schale von 1 Zitrone
- Saft von 1 Zitrone
- 1 Tasse Hühnerbrühe
- 1 Tasse Sahne
- 1 Teelöffel getrockneter Thymian
- ½ Tasse geriebener Parmesankäse
- Frische Petersilie, gehackt (zum Garnieren)

ANWEISUNGEN:
a) Die Penne-Nudeln nach Packungsanleitung al dente kochen. Abtropfen lassen und beiseite stellen.
b) Die Hähnchenbruststücke mit Salz und schwarzem Pfeffer abschmecken.
c) Erhitzen Sie das Olivenöl in einer großen Pfanne bei mittlerer bis hoher Hitze. Geben Sie die Hähnchenbruststücke in die Pfanne und kochen Sie sie etwa 6–8 Minuten lang, bis sie gebräunt und durchgegart sind. Das gekochte Hähnchen aus der Pfanne nehmen und beiseite stellen.
d) In derselben Pfanne den gehackten Knoblauch hinzufügen und etwa 1 Minute lang anbraten, bis er duftet.
e) Zitronenschale, Zitronensaft und Hühnerbrühe in die Pfanne geben. Gut umrühren und dabei den Boden der Pfanne abkratzen, um etwaige gebräunte Stücke zu lösen.
f) Reduzieren Sie die Hitze auf eine niedrige Stufe und gießen Sie die Sahne hinein. Den getrockneten Thymian unterrühren. Die Soße etwa 5 Minuten köcheln lassen, bis sie leicht eindickt.
g) Geben Sie die gekochten Penne-Nudeln und das gekochte Hähnchen zurück in die Pfanne. Gut umrühren, um die Nudeln und das Hühnchen mit der Sauce zu überziehen.
h) Streuen Sie den geriebenen Parmesankäse über die Nudeln und rühren Sie, bis der Käse schmilzt und die Sauce cremig ist.
i) Nehmen Sie die Pfanne vom Herd. Abschmecken und bei Bedarf mit Salz und schwarzem Pfeffer nachwürzen.
j) Servieren Sie die Zitronen-Hähnchen-Penne-Nudeln heiß und garniert mit gehackter frischer Petersilie.
k) Den restlichen Zitronensaft darüber träufeln.

11. Fleischbällchen-Mostaccioli mit drei Käsesorten

Zutat
- 1 Packung (16 Unzen) Mostaccioli
- 2 große Eier, leicht geschlagen
- 1 Karton (15 Unzen) teilentrahmter Ricotta-Käse
- 1 Pfund Rinderhackfleisch
- 1 mittelgroße Zwiebel, gehackt
- 1 Esslöffel brauner Zucker
- 1 Esslöffel italienisches Gewürz
- 1 Teelöffel Knoblauchpulver
- 1/4 Teelöffel Pfeffer
- 2 Gläser (je 24 Unzen) Nudelsauce mit Fleisch
- 1/2 Tasse geriebener Romano-Käse
- 1 Packung (12 Unzen) gefrorene, vollständig gekochte italienische Fleischbällchen, aufgetaut
- 3/4 Tasse gehobelter Parmesankäse
- Gehackte frische Petersilie oder frischer Baby-Rucola, optional

ANWEISUNGEN:
a) Backofen auf 350° vorheizen. Mostaccioli nach Packungsanweisung al dente kochen; Abfluss. Währenddessen in einer kleinen Schüssel Eier und Ricotta-Käse vermischen.

b) In einem 6-qt. Suppentopf, Rindfleisch und Zwiebeln 6-8 Minuten kochen oder bis das Rindfleisch nicht mehr rosa ist, dabei das Rindfleisch in Streusel zerkleinern; Abfluss. Braunen Zucker und Gewürze einrühren. Nudelsauce und Mostaccioli hinzufügen; Zum Kombinieren werfen.

c) Übertragen Sie die Hälfte der Nudelmischung in eine gefettete 13 x 9 Zoll große Schüssel. Backform. Mit der Ricotta-Mischung und der restlichen Nudelmischung belegen; Mit Romano-Käse bestreuen. Mit Fleischbällchen und Parmesan belegen.

d) Ohne Deckel 35–40 Minuten backen oder bis es durchgeheizt ist. Nach Belieben mit Petersilie belegen.

12.Pasta mit geräuchertem Lachs

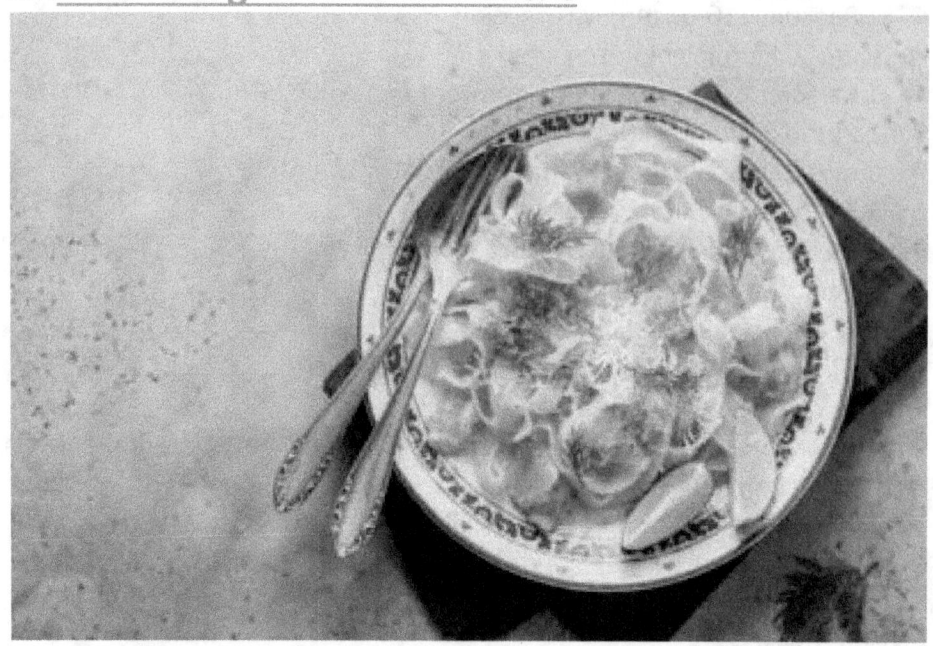

Macht: 8

ZUTATEN:
- 16 Unzen. Penne
- ¼ Tasse Butter
- 1 kleine, gehackte Zwiebel
- 3 gehackte Knoblauchzehen
- 3 Esslöffel Mehl
- 2 Tassen helle Sahne
- ½ Tasse Weißwein
- 1 Esslöffel Zitronensaft
- ½ Tasse geriebener Romano-Käse
- 1 Tasse geschnittene Pilze
- ¾ Pfund gehackter Räucherlachs

ANWEISUNGEN:
a) Die Nudeln in einem Topf mit Salzwasser 10 Minuten kochen. Abfluss.
b) Butter in einer Pfanne schmelzen und Zwiebel und Knoblauch 5 Minuten anbraten.
c) Das Mehl in die Buttermischung einrühren und 2 Minuten weiterrühren.
d) Fügen Sie vorsichtig die helle Sahne hinzu.
e) Bringen Sie die Flüssigkeit knapp unter den Siedepunkt.
f) Den Käse einrühren und etwa 3 Minuten lang weiterrühren, bis die Mischung glatt ist.
g) Die Pilze dazugeben und 5 Minuten köcheln lassen.
h) Den Lachs in die Pfanne geben und 3 Minuten kochen lassen.
i) Die Lachsmischung über den Penne-Nudeln servieren.

13.Penne Alla Wodka

Macht: 8

ZUTATEN:
- 4 Esslöffel gesalzene Butter
- 2 Knoblauchzehen, gehackt oder gerieben
- ½ Teelöffel zerstoßene rote Paprikaflocken
- ½ Tasse Wodka
- 1 (28-Unzen) Dose zerdrückte Tomaten, wie z. B. San Marzano- oder Pomi-Tomaten
- ½ Tasse sonnengetrocknete Tomaten, in Olivenöl eingelegt, abgetropft und gehackt
- Koscheres Salz und frisch gemahlener Pfeffer
- ¾ Tasse Sahne
- 1 (1 Pfund) Box Penne
- 1 Tasse geriebener Parmesankäse und etwas mehr zum Servieren
- Frischer Basilikum zum Servieren

ANWEISUNGEN:
a) In einem großen Topf Butter, Knoblauch und rote Paprikaflocken bei mittlerer bis niedriger Hitze vermischen. Unter häufigem Rühren ca. 5 Minuten kochen, bis die Butter geschmolzen ist und der Knoblauch duftet. Den Wodka dazugeben und zum Kochen bringen. Kochen, bis die Menge um ein Drittel reduziert ist, weitere 2 bis 3 Minuten. Fügen Sie die zerdrückten Tomaten, die sonnengetrockneten Tomaten und je eine große Prise Salz und Pfeffer hinzu. Die Sauce bei mittlerer Hitze 10 bis 15 Minuten köcheln lassen, bis sie leicht eingekocht ist. Geben Sie die Sauce in einen Mixer oder pürieren Sie die Sauce mit einem Stabmixer 1 Minute lang, bis eine glatte Masse entsteht. Die Sahne einrühren, bis alles gut vermischt ist.
b) In der Zwischenzeit einen großen Topf mit Salzwasser bei starker Hitze zum Kochen bringen. Die Penne dazugeben und nach Packungsanweisung al dente kochen. Abgießen, Nudeln und Parmesan zur Soße geben und vermengen.
c) Zum traditionellen Servieren teilen Sie die Nudeln auf acht Teller oder Schüsseln auf. Mit Basilikum und Parmesan garnieren.

14. Nussige Hühnernudeln

Macht: 4

ZUTATEN:
- 6 Scheiben Speck
- 1 (6 oz.) Glas marinierte Artischockenherzen, abgetropft
- 10 Spargelstangen, Enden abgeschnitten und grob gehackt
- 1/2 (16 oz.) Packung Rotini, Elbow oder Penne
- 1 gekochte Hähnchenbrust, gewürfelte Nudeln
- 1/4 Tasse getrocknete Preiselbeeren
- 3 Esslöffel fettarme Mayonnaise
- 1/4 Tasse geröstete Mandelblättchen
- 3 Esslöffel Balsamico-Vinaigrette-Salatdressing
- Salz und Pfeffer nach Geschmack
- 2 Teelöffel Zitronensaft
- 1 Teelöffel Worcestershire-Sauce

ANWEISUNGEN:
a) Stellen Sie eine große Pfanne auf mittlere Hitze. Den Speck darin anbraten, bis er knusprig wird. Entfernen Sie überschüssiges Fett. Zerkrümeln Sie es und legen Sie es beiseite.
b) Kochen Sie die Nudeln gemäß den Anweisungen auf der Packung.
c) Besorgen Sie sich eine kleine Rührschüssel: Kombinieren Sie darin Mayonnaise, Balsamico-Vinaigrette, Zitronensaft und Worcestershire-Sauce. Mischen Sie sie gut.
d) Besorgen Sie sich eine große Rührschüssel: Geben Sie die Nudeln mit dem Dressing hinein. Artischocke, Hühnchen, Preiselbeeren, Mandeln, zerbröckelten Speck und Spargel sowie eine Prise Salz und Pfeffer hinzufügen.
e) Rühren Sie sie gut um. Den Salat 1 Stunde und 10 Minuten im Kühlschrank ruhen lassen und dann servieren.

15. Penne-Rindfleisch-Auflauf

ZUTATEN:
- 1 Packung (12 Unzen) Vollkorn-Penne-Nudeln
- 1 Pfund mageres Rinderhackfleisch (90 % mager)
- 2 mittelgroße Zucchini, fein gehackt
- 1 große grüne Paprika, fein gehackt
- 1 kleine Zwiebel, fein gehackt
- 1 Glas (24 Unzen) Spaghettisauce
- 1 1/2 Tassen fettarme Alfredo-Sauce
- 1 Tasse geriebener teilentrahmter Mozzarella-Käse, geteilt
- 1/4 Teelöffel Knoblauchpulver
- Gehackte frische Petersilie, optional

ANWEISUNGEN:

a) Penne nach Packungsanweisung kochen. In der Zwischenzeit in einem Schmortopf das Rindfleisch, die Zucchini, die Paprika und die Zwiebeln bei mittlerer Hitze garen, bis das Fleisch nicht mehr rosa ist, und es dann in Streusel zerkleinern; Abfluss. Spaghettisauce, Alfredo-Sauce, 1/2 Tasse Mozzarella-Käse und Knoblauchpulver unterrühren. Penne abtropfen lassen; In die Fleischmischung einrühren.

b) Übertragen Sie es auf ein 13x9-Zoll-Gerät. Mit Kochspray bestrichene Auflaufform. Abdecken und 20 Minuten bei 375° backen. Mit restlichem Mozzarella-Käse bestreuen. Ohne Deckel 3–5 Minuten länger backen oder bis der Käse geschmolzen ist. Nach Belieben mit Petersilie belegen.

16. Käse-Hähnchen-Sahne-Pasta

Macht: 6
ZUTATEN:
- 1 1/2 Tasse Mehl, plus
- 1 rote Paprika, Julienne geschnitten
- 1 Esslöffel Mehl
- 1/2 Tasse Weißwein
- 1 Esslöffel Salz
- 1/2 Pfund ganze Spinatblätter, gestielt
- 2 Teelöffel schwarzer Pfeffer
- 12 Flüssigunzen. Schlagsahne
- 2 Teelöffel italienisches Kräutergewürz
- 1 Tasse Parmesankäse, gerieben
- 3 Pfund. Hähnchenbrust ohne Knochen und ohne Haut
- 3 Unzen Flüssigkeit Pflanzenöl, geteilt
- 1 Pfund Penne-Nudeln
- 1 Esslöffel Knoblauch, gehackt

ANWEISUNGEN:
a) Bevor Sie etwas unternehmen, stellen Sie den Ofen auf 350 F ein.
b) Holen Sie sich eine flache Schüssel: Mischen Sie 1 1/2 Tasse Mehl, Salz, schwarzen Pfeffer und italienische Kräutergewürze hinein.
c) Stellen Sie eine große ofenfeste Pfanne auf mittlere Hitze und erhitzen Sie etwas Öl darin.
d) Die Hähnchenbrüste mit der Mehlmischung bestreichen und in der Pfanne auf jeder Seite 4 Minuten anbraten. Schieben Sie die Bratpfanne mit dem Hähnchen in den Ofen und lassen Sie es 17 Minuten lang garen.
e) Kochen Sie die Penne-Nudeln gemäß den Anweisungen auf der Packung, bis sie fest sind.
f) Lassen Sie es abtropfen und legen Sie es beiseite.
g) Zubereitung der Soße:
h) Einen großen Topf auf mittlere Hitze stellen. Fügen Sie 1 Unze hinzu. aus Öl. Darin die rote Paprika mit Knoblauch 1 Minute kochen. Mehl einrühren.
i) Den Wein einrühren und 1 Minute lang kochen lassen. Sahne und Spinat hinzufügen und kochen, bis sie zu kochen beginnen. Den Käse einrühren, bis er schmilzt.
j) Besorgen Sie sich eine große Rührschüssel: Mischen Sie die Nudeln mit der Hälfte der Soße. Die Nudeln warm mit Hühnchen servieren und die restliche Sauce darüber träufeln.

17. Gebackene Penne mit Putenfleischbällchen

ZUTATEN : _

- 1 Pfund Putenhackfleisch
- 1 große Knoblauchzehe; gehackt
- ¾ Tasse frische Semmelbrösel
- ½ Tasse fein gehackte Zwiebel
- 3 Esslöffel Pinienkerne; getoastet
- ½ Tasse gehackte frische Petersilienblätter
- 1 großes Ei; leicht geschlagen
- 1 Teelöffel Salz
- 1 Teelöffel schwarzer Pfeffer
- 4 Esslöffel Olivenöl
- 1 Pfund Penne
- 1½ Tasse grob geriebener Mozzarella-Käse
- 1 Tasse frisch geriebener Romano-Käse
- 6 Tassen Tomatensauce
- 1 Behälter; (15 Unzen) Ricotta-Käse

ANWEISUNGEN:

a) In einer Schüssel Truthahn, Knoblauch, Semmelbrösel, Zwiebel, Pinienkerne, Petersilie, Ei, Salz und Pfeffer gut verrühren und zu Fleischbällchen formen kochen .

b) Nudeln kochen

c) In einer kleinen Schüssel Mozzarella und Romano vermengen. Geben Sie etwa 1½ Tassen Tomatensauce und die Hälfte der Fleischbällchen in die vorbereitete Schüssel und geben Sie die Hälfte der Nudeln darauf.

d) Die Hälfte der restlichen Soße und die Hälfte der Käsemischung auf den Nudeln verteilen. Mit den restlichen Fleischbällchen belegen und einen Klecks Ricotta auf die Fleischbällchen träufeln. Penne in der Mitte des Ofens 30 bis 35 Minuten backen .

18. Klassische Penne-Pasta

Macht: 8
ZUTATEN:
- 1 (16 oz.) Packung Penne-Nudeln
- 2 (14,5 oz.) Dosen gewürfelte Tomaten
- 2 Esslöffel Olivenöl
- 1 Pfund Garnelen, geschält und entdarmt
- 1/4 Tasse gewürfelte rote Zwiebel
- 1 Tasse geriebener Parmesankäse
- 1 Esslöffel gewürfelter Knoblauch
- 1/4 Tasse Weißwein

ANWEISUNGEN:
a) Kochen Sie Ihre Nudeln 9 Minuten lang in Wasser und Salz und entfernen Sie dann die Flüssigkeiten.
b) Beginnen Sie nun damit, den Knoblauch und die Zwiebeln in Öl anzubraten, bis die Zwiebeln weich sind.
c) Dann die Tomaten und den Wein hinzufügen.
d) Die Mischung unter Rühren 12 Minuten köcheln lassen. Dann die Garnelen dazugeben und alles 6 Minuten kochen lassen.
e) Nun die Nudeln dazugeben und alles gleichmäßig verrühren.

ROTINI-NUDELN

19.Nudelsalat mit Garnelen und Kirschtomaten

Ergibt: 6 Portionen

ZUTATEN:
- ¾ Pfund Garnelen, etwa 2 Minuten rosa gekocht und abgetropft
- 12 Unzen Rotini-Nudeln

GEMÜSE
- 1 Zucchini, gehackt
- 2 gelbe Paprika, geviertelt
- 10 Traubentomaten, halbiert
- ½ Teelöffel Salz
- ½ weiße Zwiebel, in dünne Scheiben geschnitten
- ¼ Tasse schwarze Oliven, in Scheiben geschnitten
- 2 Tassen Babyspinat

CREMIGE SAUCE
- 4 Esslöffel ungesalzene Butter
- 4 Esslöffel Allzweckmehl
- ½ Teelöffel Salz
- 1 Teelöffel Knoblauchpulver
- 1 Teelöffel Zwiebelpulver
- 4 Esslöffel Nährhefe
- 2 Tassen Milch
- 2 Esslöffel Zitronensaft

ZUM SERVIEREN
- Schwarzer Pfeffer

ANWEISUNGEN :
PASTA:
a) Bereiten Sie die Nudeln al dente gemäß den Anweisungen auf der Packung zu.
b) Abtropfen lassen und dann beiseite stellen.
GEMÜSE:
c) Stellen Sie eine Pfanne auf mäßige Hitze und geben Sie etwas Öl hinein.
d) Unter gelegentlichem Rühren Zucchini, Paprika, Zwiebeln und Salz 8 Minuten kochen.
e) Die Tomaten dazugeben und weitere 3 Minuten kochen, bis das Gemüse weich ist.
f) Fügen Sie den Spinat hinzu und kochen Sie ihn etwa 3 Minuten lang oder bis er zusammengefallen ist.
CREMIGE SAUCE:
g) In einem Topf bei mäßiger Hitze die Butter schmelzen.
h) Das Mehl hinzufügen und vorsichtig verrühren, bis eine glatte Paste entsteht.
i) Die Milch hinzufügen und erneut verquirlen.
j) Saucenzutaten unterrühren und etwa 5 Minuten köcheln lassen.
MONTIEREN:
k) Kombinieren Sie gekochte Garnelen, gekochte Nudeln, Gemüse, schwarze Oliven und cremige Sauce in einer Servierschüssel.
l) Mit einer Prise zerstoßenem schwarzem Pfeffer garnieren.

20. Frische Zitronennudeln

Macht: 8
ZUTATEN:
- 1 (16 oz.) Packung dreifarbige Rotini-Nudeln
- 1 Prise Salz und gemahlener schwarzer Pfeffer dazu
- 2 Tomaten, entkernt und gewürfelt
- schmecken
- 2 Gurken – geschält, entkernt und
- 1 Avocado, gewürfelt
- gewürfelt
- 1 Spritzer Zitronensaft
- 1 (4 Unzen) Dose schwarze Oliven in Scheiben schneiden
- 1/2 Tasse italienisches Dressing oder mehr nach Geschmack
- 1/2 Tasse geriebener Parmesankäse

ANWEISUNGEN:
a)   Kochen Sie die Nudeln gemäß den Anweisungen auf der Packung.
b)   Besorgen Sie sich eine große Rührschüssel: Kombinieren Sie darin Nudeln, Tomaten, Gurken, Oliven, italienisches Dressing, Parmesankäse, Salz und Pfeffer. Rühren Sie sie gut um.
c)   Die Nudeln für 1 Stunde und 15 Minuten in den Kühlschrank stellen.
d)   Besorgen Sie sich eine kleine Rührschüssel: Rühren Sie den Zitronensaft mit der Avocado hinein. Die Avocado mit dem Nudelsalat vermengen und servieren.
e)   Genießen.

21.Käse-Peperoni-Rotini-Salat

Macht: 8
ZUTATEN:
- 1 (16 oz.) Packung dreifarbige Rotini-Nudeln
- 1 (8 oz.) Packung Mozzarella-Käse
- 1/4 Pfund geschnittene Peperoniwurst
- 1 Tasse frische Brokkoliröschen
- 1 (16 oz.) Flasche Salat nach italienischer Art
- 1 (6 oz.) Dose schwarze Oliven, abgetropft
- Dressing

ANWEISUNGEN:
a) Kochen Sie die Nudeln gemäß den Anweisungen auf der Packung.
b) Besorgen Sie sich eine große Rührschüssel: Geben Sie Nudeln, Peperoni, Brokkoli, Oliven, Käse und Dressing hinein.
c) Den Salat würzen und für 1 Stunde und 10 Minuten in den Kühlschrank stellen. Servier es.

22. Cremige Tomaten-Rotini-Pasta in einem Topf

Ergibt: 4 Portionen
ZUTATEN:
- 1 Esslöffel Olivenöl
- 3 gehackte Knoblauchzehen
- 8 Unzen Rotini-Nudeln (oder jede mittelgroße Pasta)
- 14 Unzen gewürfelte Tomaten aus der Dose mit ihrem Saft
- 3 Esslöffel Tomatenmark
- 1 Teelöffel italienisches Gewürz
- ½ Teelöffel optional Chiliflocken
- Salz und Pfeffer nach Geschmack
- 2 ½ – 3 Tassen Wasser oder Brühe (bei Bedarf mehr)
- 2 Tassen gehacktes und gekochtes Hähnchen (Reste oder Brathähnchen eignen sich gut)
- ⅔ Tasse Sahne
- 2 Esslöffel gehackte frische Petersilie
- 1 Unze geriebener frischer Parmesankäse
- 1 ⅓ Tassen geriebener Mozzarella-Käse

ANWEISUNGEN:
a) Olivenöl in einer großen ofenfesten Pfanne erhitzen, dann den gehackten Knoblauch hinzufügen und anbraten, bis er duftet.
b) Rühren Sie die ungekochten Nudeln, Dosentomaten, Tomatenmark, italienische Gewürze, Chiliflocken (falls verwendet) und 2 ½ Tassen Wasser ein. Lassen Sie es offen köcheln, bis die Nudeln gar sind, und fügen Sie bei Bedarf mehr Wasser hinzu (normalerweise etwa 11–13 Minuten; achten Sie darauf, dass genügend Flüssigkeit vorhanden ist, um eine Soße zuzubereiten).
c) Hähnchen und Sahne unterrühren. Lassen Sie es weitere 2–3 Minuten köcheln, bis die Soße leicht eindickt und das Hähnchen durchgewärmt ist.
d) Vom Herd nehmen und Petersilie und Parmesankäse unterrühren. Mit Mozzarella-Käse belegen und dann grillen, bis er Blasen bildet und leicht gebräunt ist.
e) Genießen Sie Ihre köstlichen und einfach zuzubereitenden cremigen Tomaten-Rotini-Nudeln!

23. Saure Rindfleisch-Rotini in einem einzigen Topf

Ergibt: 4 Portionen

ZUTATEN:
- 3/4 Pfund mageres Rinderhackfleisch (90 % mager)
- 2 Tassen geschnittene frische Champignons
- 1 mittelgroße Zwiebel, gehackt
- 3 Knoblauchzehen, gehackt
- 3/4 Teelöffel italienisches Gewürz
- 2 Tassen Tomaten-Basilikum-Nudelsauce
- 1/4 Teelöffel Salz
- 2 1/2 Tassen Wasser
- 3 Tassen ungekochte Vollkorn-Rotini (ca. 8 Unzen)
- 1/4 Tasse geriebener Parmesankäse

ANWEISUNGEN:
a) In einem 6-Liter-Suppentopf die ersten 5 Zutaten bei mittlerer bis hoher Hitze kochen, bis das Rindfleisch nicht mehr rosa ist. Dies dauert 6 bis 8 Minuten. Das Rindfleisch zerbröseln und überschüssiges Fett abtropfen lassen.
b) Fügen Sie die Nudelsauce, Salz und Wasser hinzu; zum Kochen bringen. Die Rotini einrühren und erneut aufkochen lassen.
c) Reduzieren Sie die Hitze, decken Sie das Ganze ab und lassen Sie es unter gelegentlichem Rühren 8–10 Minuten lang köcheln, bis die Nudeln eine al dente-Konsistenz erreichen.
d) Mit einer Prise geriebenem Käse servieren.
e) Genießen Sie diese würzigen Rindfleisch-Rotini, zubereitet in einem einzigen Topf, eine perfekte Lösung für den Spaghetti-Tag ohne das Chaos beim Geschirr.

24. Hähnchen- und Brokkoli-Rotini in einem Topf

Macht: 8

ZUTATEN:
- 1 Pfund Hähnchenbrust ohne Knochen und ohne Haut
- 1 EL Olivenöl
- 1 TL Salz
- 1/2 TL Pfeffer
- 1 TL getrockneter Oregano
- 4 Tassen natriumarme Hühnerbrühe
- 1 Pfund ungekochte Rotini oder Nudeln ähnlicher Form
- 1 Tasse Sahne
- 1 Tasse geriebener Parmesankäse
- 2 Tassen Brokkoliröschen (gedämpft oder 12 Unzen im Dampfbeutel gefrorener Brokkoli)
- 3 geriebene Knoblauchzehen

ANWEISUNGEN:
a) Das Hähnchen in kleine, mundgerechte Stücke schneiden.
b) Olivenöl in einem 4,5-Liter-Topf bei mittlerer Hitze erhitzen.
c) Fügen Sie Hühnchen, Oregano, Knoblauch, Salz und Pfeffer hinzu und kochen Sie es, bis das Hühnchen nicht mehr rosa ist. Dies dauert etwa 3 bis 4 Minuten.
d) Die ungekochten Nudeln und die Brühe einrühren, zum Kochen bringen, dann abdecken und die Hitze auf mittlere bis niedrige Stufe reduzieren.
e) 8–10 Minuten kochen lassen, dabei nach der Hälfte der Zeit umrühren, oder bis die Nudeln al dente sind.
f) Sahne, Parmesan und gedünsteten Brokkoli hinzufügen.
g) Alle Zutaten miteinander verrühren, bis eine schöne, cremige Masse entsteht.
h) Mit zusätzlichem Parmesankäse und frischer italienischer Petersilie garnieren.
i) Genießen Sie dieses schnelle und einfache cremige Hühnchen-Brokkoli-Rotini-Gericht, alles in einem Topf zubereitet.

25. One-Pan Rotini mit Tomaten-Sahnesauce

Ergibt: 6 Portionen
ZUTATEN:
- 1 Pfund mageres Rinderhackfleisch (90 % mager)
- 1 mittelgroße Zwiebel, gehackt
- 2 Knoblauchzehen, gehackt
- 1 Teelöffel italienisches Gewürz
- 1/2 Teelöffel Pfeffer
- 1/4 Teelöffel Salz
- 2 Tassen Rinderbrühe
- 1 Dose (14-1/2 Unzen) über dem Feuer geröstete, gewürfelte Tomaten, nicht abgetropft
- 2 Tassen ungekochte Spiralnudeln
- 1 Tasse gefrorene Erbsen
- 1 Tasse schwere Schlagsahne
- 1/2 Tasse geriebener Parmesankäse

ANWEISUNGEN:
a) In einer großen Pfanne das Rindfleisch und die Zwiebeln bei mittlerer Hitze anbraten, bis das Rindfleisch nicht mehr rosa und die Zwiebeln zart sind. Dies dauert etwa 5–10 Minuten. Achten Sie darauf, das Rindfleisch in Streusel zu zerkleinern und überschüssiges Fett abtropfen zu lassen.
b) Knoblauch und Gewürze hinzufügen und eine weitere Minute kochen lassen.
c) Rinderbrühe und Tomaten einrühren und die Mischung zum Kochen bringen.
d) Nudeln und Erbsen hinzufügen und die Hitze reduzieren. Zugedeckt köcheln lassen, bis die Nudeln weich sind, was normalerweise 10–12 Minuten dauert.
e) Sahne und Käse nach und nach unterrühren, aber darauf achten, dass es nicht kocht.
f) Genießen Sie Ihre Rotini aus einer Pfanne mit Tomaten-Sahne-Sauce, eine beliebte Familienmahlzeit, die einfach zuzubereiten und aufzuräumen ist!

26.Parmesan-Rotini-Pfanne

Macht: 8

ZUTATEN:
- 1 Pfund italienische Schweinswurststücke, Hüllen entfernt
- 1 Dose (je 15 oz) ODER 1 Karton (14,8 oz) Hunt's® Tomatensauce
- 1 Dose (je 14,5 oz) Hunt's® gewürfelte Tomaten, nicht abgetropft
- 2 Tassen Wasser
- 1/2 Teelöffel getrocknete Basilikumblätter
- 1/2 Teelöffel getrocknete Oreganoblätter
- 3 Tassen Rotini-Nudeln, ungekocht
- 1 Tasse Ricotta-Käse
- 1/2 Tasse Kraft® geriebener Parmesankäse, geteilt
- 1/2 Teelöffel Petersilienflocken

ANWEISUNGEN:

a) Zerkrümeln Sie die Wurst in einer großen, tiefen Pfanne. Unter häufigem Rühren 8 bis 10 Minuten kochen lassen oder bis es gleichmäßig gebräunt ist. Lassen Sie die Wurst abtropfen und geben Sie sie dann zurück in die Pfanne.

b) Tomatensauce, nicht abgetropfte Tomaten, Wasser, Basilikum und Oregano unterrühren. Bringen Sie die Mischung zum Kochen. Die Nudeln hinzufügen und umrühren. Abdecken und dann bei mittlerer bis niedriger Hitze 18 bis 20 Minuten köcheln lassen, oder bis die Nudeln weich sind, dabei gelegentlich umrühren.

c) Ricotta, 1/4 Tasse Parmesan und Petersilie vermischen. Diese Mischung über die Nudeln geben und vorsichtig mit einem Löffel umrühren. Den restlichen Parmesan darüber streuen.

d) Genießen Sie Ihre aromatische Parmesan-Rotini-Pfanne, eine schnelle und sättigende Mahlzeit, zubereitet in nur einer Pfanne.

27. Hühnchen-Rotini aus einer Pfanne

Macht: 4

ZUTATEN:
- 1 EL. Olivenöl
- 1 Teelöffel. zerhackter Knoblauch
- 8 Unzen. trockene Rotini-Nudeln (2 Tassen)
- 4 Unzen. fettarmer Frischkäse, gewürfelt
- 1 Tasse geraspelte Karotten in Tüten
- 2 Tassen gehacktes gekochtes Hühnchen (oder Schinken)
- 2 Dosen (je 14,5 Unzen) Grüne Bohnen mit Pilzen, abgetropft
- 1/2 Tasse geriebener Parmesankäse
- 1/4 Tasse gehacktes frisches Basilikum

ANWEISUNGEN:

a) Olivenöl in einer tiefen 10-Zoll-Pfanne erhitzen; Fügen Sie Knoblauch hinzu und kochen Sie es 30 Sekunden lang unter ständigem Rühren.

b) Fügen Sie vorsichtig 3 1/2 Tassen Wasser hinzu und bringen Sie es zum Kochen. Die Nudeln einrühren, erneut aufkochen lassen und auf mittlere Hitze reduzieren. Bei niedrigem Siedepunkt gemäß den Anweisungen in der Packung unter häufigem Rühren kochen, bis die Nudeln al dente sind, was normalerweise etwa 2 Minuten länger dauert als in den Anweisungen in der Packung angegeben. NICHT ABLASSEN.

c) Frischkäse, Karotten, Hühnchen (oder Schinken), grüne Bohnen und Parmesankäse unterrühren. 4 Minuten kochen lassen oder bis die Karotten durchgeheizt sind und zart-knusprig sind.

d) Vor dem Servieren das Basilikum unterrühren.

e) Genießen Sie Ihre Hähnchen-Rotini aus einer Pfanne, eine köstliche und effiziente Möglichkeit, Reste zu verwerten und eine sättigende Mahlzeit zuzubereiten.

JUMBO-SCHALEN

28.Mit italienischer Wurst gefüllte Muscheln

Ergibt: 4-6 Portionen

ZUTATEN:

FÜR DIE PASTA:
- 24 Jumbo-Nudelschalen

FÜR DIE WURST MARINARA:
- 1 Pfund (450 g) italienische Wurst, Hülle entfernt
- 1 kleine Zwiebel, fein gehackt
- 2 Knoblauchzehen, gehackt
- 28-Unzen-Dose zerdrückte Tomaten
- 1 Teelöffel getrocknetes Basilikum
- 1 Teelöffel getrockneter Oregano
- Salz und schwarzer Pfeffer nach Geschmack

FÜR DIE FÜLLUNG UND GARNITUR:
- 2 Tassen Ricotta-Käse
- 1 ½ Tassen geriebener Mozzarella-Käse
- ½ Tasse geriebener Parmesankäse
- ¼ Tasse frische Petersilie, gehackt
- 1 Ei

ZUR MONTAGE:
- Olivenöl zum Einfetten

ANWEISUNGEN:

FÜR DIE PASTA:

a) Heizen Sie Ihren Backofen auf 350 °F (175 °C) vor.

b) Kochen Sie die Jumbo-Nudelschalen gemäß der Packungsanleitung, bis sie gerade al dente sind.

c) Abtropfen lassen und zum Abkühlen beiseite stellen.

FÜR DIE WURST MARINARA:

d) In einer großen Pfanne etwas Olivenöl bei mittlerer bis hoher Hitze erhitzen.

e) Fügen Sie die italienische Wurst hinzu und kochen Sie sie, bis sie gebräunt und nicht mehr rosa ist, indem Sie sie mit einem Löffel auseinanderbrechen. Überschüssiges Fett entfernen.

f) Die gehackte Zwiebel und den gehackten Knoblauch mit der Wurst in die Pfanne geben und etwa 2-3 Minuten braten, bis die Zwiebel glasig wird.

g) Zerkleinerte Tomaten, getrocknetes Basilikum, getrockneten Oregano, Salz und schwarzen Pfeffer unterrühren.

h) Die Sauce etwa 10 Minuten köcheln lassen, damit sich die Aromen vermischen und leicht eindicken. Vom Herd nehmen.

FÜR DIE FÜLLUNG:

i) In einer Rührschüssel den Ricotta-Käse, 1 Tasse Mozzarella-Käse, ¼ Tasse Parmesankäse, gehackte Petersilie und das Ei vermischen.

j) Gut vermischen, um die Füllmischung zu erhalten.

MONTIEREN:

k) Eine Auflaufform mit Olivenöl einfetten.

l) Eine dünne Schicht der Wurst-Marinara-Sauce auf dem Boden der Form verteilen.

m) Füllen Sie jede gekochte Nudelschale vorsichtig mit der Käsemischung und legen Sie sie in die vorbereitete Auflaufform.

n) Die restliche Marinara-Sauce über die gefüllten Muscheln gießen.

o) Streuen Sie die restliche halbe Tasse Mozzarella-Käse und den restlichen Parmesankäse über die Schalen.

BACKEN:

p) Die Auflaufform mit Alufolie abdecken und im vorgeheizten Backofen 20–25 Minuten backen.

q) Entfernen Sie die Folie und backen Sie den Käse weitere 10 Minuten lang oder bis der Käse Blasen bildet und leicht golden ist.

r) Lassen Sie das Gericht einige Minuten abkühlen und servieren Sie dann Ihre mit italienischer Wurst gefüllten Muscheln heiß, auf Wunsch mit zusätzlicher frischer Petersilie garniert.

29.Mit Spinat und drei Käsesorten gefüllte Muscheln

Ergibt: 6 BIS 8
ZUTATEN:
- 2 Esslöffel natives Olivenöl extra
- 1 Pfund gemahlene würzige italienische Wurst
- 2 (28-Unzen) Dosen zerkleinerte Tomaten, z. B. San Marzano- oder Pomi-Tomaten
- 1 rote Paprika, entkernt und in Scheiben geschnitten
- 2 Teelöffel getrockneter Oregano
- ½ Teelöffel zerstoßene rote Paprikaflocken, plus mehr nach Bedarf
- Koscheres Salz und frisch gemahlener Pfeffer
- 1 Beutel (8 Unzen) gefrorener gehackter Spinat, aufgetaut und trocken ausgedrückt
- 1 (1 Pfund) Schachtel Jumbo-Nudelschalen
- 16 Unzen Vollmilch-Ricotta-Käse
- 2 Tassen geriebener Gouda-Käse
- 1 Tasse frische Basilikumblätter, gehackt, plus mehr zum Servieren
- 8 Unzen frischer Mozzarella-Käse, zerrissen

ANWEISUNGEN:

a) Heizen Sie den Ofen auf 350 °F vor.

b) Erhitzen Sie das Olivenöl in einer großen ofenfesten Pfanne bei mittlerer bis hoher Hitze. Wenn das Öl schimmert, fügen Sie die Wurst hinzu und kochen Sie sie 5 bis 8 Minuten lang, indem Sie sie mit einem Holzlöffel zerkleinern, bis sie braun ist. Reduzieren Sie die Hitze auf eine niedrige Stufe und fügen Sie die zerdrückten Tomaten, Paprika, Oregano, rote Paprikaflocken und je eine Prise Salz und Pfeffer hinzu. 10 bis 15 Minuten köcheln lassen, bis die Soße leicht eindickt. Den Spinat unterrühren. Abschmecken und mehr Salz, Pfeffer und rote Pfefferflocken hinzufügen.

c) In der Zwischenzeit einen großen Topf mit Salzwasser bei starker Hitze zum Kochen bringen. Die Schalen dazugeben und nach Packungsanweisung al dente kochen. Gut abtropfen lassen.

d) In einer mittelgroßen Schüssel Ricotta, Gouda und Basilikum vermengen. Füllen Sie die Mischung in einen gallonengroßen Beutel mit Reißverschluss. Schieben Sie die Mischung in eine Ecke des Beutels, drücken Sie die Luft aus der Oberseite des Beutels und schneiden Sie etwa ½ Zoll von dieser Ecke ab.

e) Geben Sie nacheinander jeweils etwa einen Esslöffel der Käsemischung in jede Schale und geben Sie sie dann in die Pfanne. Die Schalen gleichmäßig mit Mozzarella bestreuen.

f) Die Pfanne in den Ofen stellen und 25 bis 30 Minuten backen, bis der Käse geschmolzen ist und oben leicht gebräunt ist.

30. Dekadente, mit Spinat gefüllte Muscheln

ZUTATEN:
- 1 Packung (12 Unzen) Jumbo-Nudelschalen
- 1 Glas (24 Unzen) geröstete Nudelsauce aus rotem Pfeffer und Knoblauch
- 2 Packungen (je 8 Unzen) Frischkäse, weich
- 1 Tasse geröstete Knoblauch-Alfredo-Sauce
- Prise Salz
- Prise Pfeffer
- Optional eine Prise zerkleinerte rote Paprikaflocken
- 2 Tassen geriebene italienische Käsemischung
- 1/2 Tasse geriebener Parmesankäse
- 1 Packung (10 Unzen) gefrorener gehackter Spinat, aufgetaut und trocken ausgedrückt
- 1/2 Tasse fein gehackte, mit Wasser gefüllte Artischockenherzen
- 1/4 Tasse fein gehackte geröstete süße rote Paprika
- Zusätzlicher Parmesankäse, optional

ANWEISUNGEN:

a) Backofen auf 350° vorheizen. Nudelschalen nach Packungsanweisung al dente kochen. Abfluss.

b) Verteilen Sie 1 Tasse Soße in einer gefetteten 13 x 9 Zoll großen Schüssel. Backform. In einer großen Schüssel Frischkäse, Alfredo-Sauce und Gewürze verrühren, bis eine Mischung entsteht. Käse und Gemüse unterrühren. In Schalen löffeln. In der vorbereiteten Auflaufform anrichten.

c) Restliche Soße darübergießen. Zugedeckt 20 Minuten backen. Nach Belieben mit zusätzlichem Parmesankäse bestreuen. Ohne Deckel 10–15 Minuten länger backen oder bis der Käse geschmolzen ist.

31. Mit Knoblauch gefüllte Jumbo-Nudelschalen

Ergibt: 24 Portionen
ZUTATEN:
- 500 Gramm Jumbo-Nudelschalen, weich gekocht und abgetropft
- 6 Esslöffel Butter
- 6 Knoblauchzehen, fein gehackt (mit einer Prise Salz)
- 500 Gramm Ricotta-Käse
- 250 Gramm Hüttenkäse
- 1/4 Tasse geriebener Parmesan
- 6 Scheiben Prosciutto, fein gehackt
- 6 Esslöffel Mehl
- 2 Tassen Milch
- 1 Tasse Sahne
- 1/2 Tasse frisch gehackte Petersilie
- 6 Sardellenfilets, fein gehackt
- 3 Esslöffel frisch gehackte Petersilie
- 3 Esslöffel frisches Basilikum, gehackt
- 2 Eigelb, geschlagen
- Salz und Pfeffer nach Geschmack

ANWEISUNGEN:

a) Beginnen Sie damit, die Butter in einem Topf bei schwacher Hitze zu schmelzen. Den fein gehackten Knoblauch hinzufügen und anbraten, bis er gerade anfängt, eine goldbraune Farbe anzunehmen. Vom Herd nehmen und das Mehl hinzufügen.

b) Den Topf wieder auf den Herd stellen und unter ständigem Rühren zwei Minuten kochen lassen. Achten Sie darauf, dass das Mehl seine Farbe nicht verändert.

c) Vom Herd nehmen und Milch und Sahne auf einmal hinzufügen. Kräftig verquirlen, bis die Mischung glatt wird. Stellen Sie die Pfanne auf mittlere Hitze und geben Sie die Petersilie und die Sardellen hinzu.

d) Kochen und ständig rühren, bis die Sauce die Konsistenz von Sahne erreicht. Vom Herd nehmen und mit Salz und Pfeffer abschmecken. Lassen Sie es unbedeckt.

e) In einer großen Rührschüssel Ricotta, Hüttenkäse, Parmesan, Petersilie, Basilikum, Prosciutto und geschlagenes Eigelb vermischen. Mit Salz und Pfeffer abschmecken und gründlich vermischen.

f) Füllen Sie jede Jumbo-Schale mit einer Portion der Käsemischung. Drücken Sie die langen Seiten jeder Schale vorsichtig zusammen, um ihre ursprüngliche Form vor dem Kochen beizubehalten. Überschüssige Füllung entfernen.

g) Gießen Sie etwa zwei Tassen der Soße auf den Boden einer Auflaufform, die groß genug ist, um alle 24 Schalen in einer Schicht unterzubringen. Legen Sie die gefüllten Muscheln in die Form und gießen Sie die restliche Soße darüber.

h) Im vorgeheizten Ofen bei 375 °F 15 Minuten backen. Sofort servieren. Genießen Sie Ihre köstlichen, mit Knoblauch gefüllten Jumbo-Nudelschalen!

32. Gefüllte Nudelschalen vom Herd

Ergibt: Ungefähr 4 bis 6 Personen
ZUTATEN:
- 15 Jumbo-Nudelschalen
- 1 ½ Tassen Ricotta-Käse
- 2 Tassen geriebener Mozzarella-Käse, geteilt
- ¾ Tasse geriebener Parmesankäse, geteilt
- 2 Esslöffel frische Basilikumblätter, grob gehackt
- ½ Teelöffel Salz
- ¼ Teelöffel schwarzer Pfeffer
- 2 Tassen Marinara-Sauce

ANWEISUNGEN:

a) Beginnen Sie damit, einen großen Topf mit Salzwasser zum Kochen zu bringen. Geben Sie Ihre Nudelschalen in den Topf und kochen Sie sie gemäß den Anweisungen auf der Packung, bis sie al dente sind.

b) Tipp: Kochen Sie ein paar zusätzliche Schalen, wenn Sie eine Reserve für den Fall haben möchten, dass etwas reißt oder zerbricht (das passiert!). Wenn Sie nicht wählerisch sind, kochen Sie einfach genau 15 Muscheln.

c) Spülen Sie die gekochten Nudelschalen unter kaltem Wasser ab, bis sie kühl genug zum Anfassen sind, und lassen Sie sie dann abtropfen. Legen Sie sie beiseite, während Sie die Käsefüllung zubereiten.

d) In einer mittelgroßen Schüssel Ricotta, 1 Tasse Mozzarella, ½ Tasse Parmesan, Basilikum, Salz und Pfeffer vermischen. Mischen, bis alle Zutaten gut vermischt sind.

e) Füllen Sie jede Schale mit etwa 1 bis 2 Esslöffeln der Käsemischung. Achten Sie darauf, die Füllung fest einzupacken, damit sie beim Kochen nicht schmilzt und verschüttet wird. Fahren Sie fort, bis alle Schalen gefüllt sind.

f) Gießen Sie Ihre Marinara-Sauce in eine große Pfanne mit hohem Rand. Ordnen Sie die gefüllten Muscheln vorsichtig in der Pfanne an und achten Sie darauf, dass die Oberseite der Muscheln über der Sauce bleibt (dies verhindert, dass die Käsefüllung in der Sauce schmilzt, obwohl sie immer noch köstlich ist).

g) Die restlichen 1 Tasse Mozzarella und ¼ Tasse Parmesankäse über die Schalen streuen. Decken Sie die Pfanne ab und stellen Sie sie auf einen auf mittlere bis niedrige Hitze eingestellten Herd. Kochen, bis der Käse oben geschmolzen ist und die Schalen durchgewärmt sind, was normalerweise etwa 10 Minuten dauert.

h) Genießen Sie Ihre köstlichen gefüllten Nudelschalen auf dem Herd!

33.Mit vegetarischen Pfannen gefüllte Muscheln

ZUTATEN:
- 18 Jumbo-Nudelschalen (ca. 6 Unzen)
- 1 1/2 TL. koscheres Salz, plus etwas zum Würzen
- 2 EL. Natives Olivenöl extra
- 1/2 Pfund Crimini-Pilze, in dünne Scheiben geschnitten
- 1 Teelöffel. frisch gemahlener schwarzer Pfeffer
- 1/2 Tasse trockener Weißwein oder Wermut
- 5 Unzen. Baby Spinat
- 6 Knoblauchzehen, in dünne Scheiben geschnitten
- 2 EL. ungesalzene Butter
- 3 Tassen Marinara-Sauce
- 1/2 TL. zerstoßene rote Paprikaflocken
- 2 Tassen Vollmilch-Ricotta
- 3 Unzen. fein geriebener Parmesan (ca. 1 Tasse) und etwas mehr zum Servieren
- 3 EL. fein gehackter Oregano, geteilt

ANWEISUNGEN:

a) Kochen Sie die Nudelschalen in einem großen Topf mit kochendem Salzwasser und rühren Sie gelegentlich um, bis sie sehr al dente sind (ca. 9 Minuten). Lassen Sie sie abtropfen und halten Sie sie unter kaltes Wasser, um das Kochen zu stoppen. Nochmals abtropfen lassen.

b) Während die Nudeln kochen, erhitzen Sie das Olivenöl in einer großen Pfanne bei starker Hitze. Fügen Sie die dünn geschnittenen Pilze hinzu und kochen Sie sie unter gelegentlichem Rühren, bis sie ihren Saft abgeben. Dann werden sie trocken und schön gebräunt, was etwa 5–6 Minuten dauert. Mit schwarzem Pfeffer und 1 TL würzen. aus Salz. Reduzieren Sie die Hitze auf mittlere Stufe, fügen Sie den Wein hinzu und kochen Sie unter Rühren, bis er auf die Hälfte reduziert ist, was 1–2 Minuten dauert. Geben Sie den Babyspinat hinzu, decken Sie ihn ab und kochen Sie ihn etwa 1–2 Minuten lang, bis er zu welken beginnt. Nehmen Sie den Deckel ab und kochen Sie unter gelegentlichem Rühren weiter, bis der Spinat vollständig zusammengefallen ist und der größte Teil der Flüssigkeit verdampft ist, weitere etwa 2–4 Minuten. Geben Sie die Pilzmischung in eine große Schüssel und stellen Sie sie in die Pfanne.

c) Kochen Sie den Knoblauch und die Butter in der reservierten Pfanne bei mittlerer bis hoher Hitze und rühren Sie gelegentlich um, bis der Knoblauch duftet und anfängt zu bräunen, was 2–3 Minuten dauert. Die Marinara-Sauce und die roten Paprikaflocken hinzufügen und bei schwacher Hitze köcheln lassen. Unter gelegentlichem Rühren kochen, bis es durchgewärmt ist, etwa 6–8 Minuten.

d) Während die Soße kocht, 80 Gramm Ricotta hinzufügen. Parmesan, 2 EL. Oregano und der restliche 1/2 TL. Etwas Salz zur Pilzmischung geben und verrühren. Löffel etwa 2 EL. Etwas der Ricotta-Mischung in jede Schale geben und sie bis zum Rand füllen, aber nicht überfüllen.

e) Legen Sie die gefüllten Muscheln in die scharfe Soße in der Pfanne. Abdecken und bei mittlerer Hitze 4–6 Minuten kochen, bis die Schalen durchgewärmt sind. Vom Herd nehmen und 5 Minuten ruhen lassen. Mit Parmesan und dem restlichen 1 EL bestreuen. von Oregano.

f) Genießen Sie Ihre köstlichen, mit vegetarischen Pfannen gefüllten Muscheln!

34.Mit Taco gefüllte Nudelschalen

Macht: 8

ZUTATEN:
- 8 Unzen ungekochte Jumbo-Nudelschalen (ungefähr 24 Schalen aus einer 12-Unzen-Box)
- 1 Pfund mageres (mindestens 80 %) Hackfleisch
- 1 Packung (1 Unze) Taco-Gewürzmischung
- 1 Dose (14,5 oz) über dem Feuer geröstete, zerkleinerte Tomaten, nicht abgetropft
- 1 Packung (8 oz) geriebene mexikanische Käsemischung (entspricht 2 Tassen)
- 1 Tasse gewürfelte Zwetschgentomaten (Roma).
- 1/4 Tasse gehackter frischer Koriander

ANWEISUNGEN:

a) Heizen Sie Ihren Backofen auf 350 °F vor. Kochen Sie die Nudelschalen wie auf der Packung angegeben und lassen Sie sie dann abtropfen.

b) In einer beschichteten 30-cm-Pfanne das Hackfleisch bei mittlerer bis hoher Hitze etwa fünf Minuten lang unter häufigem Rühren garen, bis es vollständig gegart ist. Überschüssiges Fett abtropfen lassen. Fügen Sie die Taco-Gewürzmischung, zerdrückte Tomaten und 1 Tasse geriebenen Käse hinzu. Gut umrühren, bis der Käse vollständig geschmolzen ist.

c) Füllen Sie jede Nudelschale mit etwa 1 Esslöffel der Rindfleischmischung und legen Sie sie in eine ungefettete 33 x 9 Zoll (3 Liter) große Glasauflaufform. Die gefüllten Schalen mit gewürfelten Pflaumentomaten und gehacktem Koriander belegen und dann mit der restlichen 1 Tasse Käse bestreuen.

d) 15 bis 20 Minuten backen oder bis das Gericht durchgeheizt ist und der Käse perfekt geschmolzen ist. Servieren Sie die mit Taco gefüllten Nudelschalen, solange sie warm sind.

e) Genießen Sie Ihre einzigartigen und köstlichen, mit Taco gefüllten Nudelschalen!

35. Sommerliche gefüllte Muscheln

Ergibt: 6 Personen
ZUTATEN:
- 20 bis 25 Jumbo-Nudelschalen, gekocht
- 2 Esslöffel Olivenöl
- 1 süße Zwiebel, gewürfelt
- 4 Knoblauchzehen, gehackt
- 1 Zucchinikürbis, gehackt
- 2 Ähren, Körner vom Kolben geschnitten
- Koscheres Salz und Pfeffer
- 15 Unzen Ricotta-Käse
- 1 großes Ei, leicht geschlagen
- 2 Tassen frisch geriebener Mozzarella oder Provolone-Käse
- 1/2 Tasse fein geriebener Parmesankäse, plus etwas mehr zum Servieren
- 2/3 Tasse Pesto (vorzugsweise Basilikumpesto)
- 2 Tassen Marinara-Sauce
- Frischer Basilikum zum Servieren

ANWEISUNGEN:

a) Heizen Sie Ihren Backofen auf 350 Grad F vor. Kochen Sie die Nudelschalen in Salzwasser gemäß den Packungsanweisungen. Nach dem Garen abgießen.

b) Erhitzen Sie das Olivenöl in einem ofenfesten Schmortopf oder einer gusseisernen Pfanne. Fügen Sie die gewürfelte Zwiebel und den gehackten Knoblauch sowie eine Prise Salz und Pfeffer hinzu. Unter häufigem Rühren kochen, bis sie leicht weich werden. Gehackte Zucchini und Mais mit einer weiteren Prise Salz und Pfeffer unterrühren. Kochen, bis sie weich sind. Dies sollte etwa 5 bis 6 Minuten dauern. Schalten Sie die Hitze aus und lassen Sie es etwas abkühlen.

c) In einer großen Schüssel Ricotta-Käse, geschlagenes Ei, 1 Tasse Mozzarella-Käse, Parmesankäse und 1/3 Tasse Pesto vermischen. Eine Prise Salz und Pfeffer hinzufügen und verrühren, bis alles gut vermischt ist. Die Zucchini-Mais-Mischung zur Ricotta-Mischung geben und verrühren, bis alles gut vermischt ist.

d) Geben Sie die Marinara-Sauce in die ofenfeste Pfanne, in der Sie die Zucchini-Mais-Mischung gekocht haben.

e) Nehmen Sie jede Jumbo-Nudelschale und füllen Sie sie mit 2 bis 3 Esslöffeln der Ricotta-Pesto-Füllung. Legen Sie die gefüllten Muscheln in die Marinara-Sauce in der Pfanne. Wiederholen Sie den Vorgang mit den restlichen Schalen. Wenn Sie mehr Schalen haben, geben Sie etwas Soße in eine kleine Auflaufform oder Pfanne und schichten Sie die Schalen darauf.

f) Das restliche Pesto auf die Schalen verteilen. Den restlichen Mozzarella-Käse darüber streuen. 25 bis 30 Minuten backen, bis das Gericht warm, golden und sprudelnd ist.

g) Nehmen Sie die Pfanne aus dem Ofen und lassen Sie sie einige Minuten ruhen. Mit zusätzlichem Parmesan, frischem Basilikum und nach Wunsch noch mehr Pesto belegen. Servieren und genießen Sie Ihre köstlichen gefüllten Sommermuscheln!

LINGUINE-PASTA

36.Romano-Linguine-Nudelsalat

Macht: 6

ZUTATEN:
- 1 (8 oz.) Packung Linguine-Nudeln
- 1/2 Teelöffel rote Paprikaflocken
- 1 (12 oz.) Beutel Brokkoliröschen, in mundgerechte Stücke geschnitten
- 1/4 Teelöffel gemahlener schwarzer Pfeffer
- Salz nach Geschmack
- 1/4 Tasse Olivenöl
- 4 Teelöffel gehackter Knoblauch
- 1/2 Tasse fein geriebener Romano-Käse
- 2 Esslöffel fein gehackte frische glatte Petersilie

ANWEISUNGEN:
a) Kochen Sie die Nudeln gemäß den Anweisungen auf der Packung.
b) Bringen Sie einen Topf Wasser zum Kochen. Stellen Sie einen Dampfgarer darauf. Darin den Brokkoli bei geschlossenem Deckel 6 Min. dünsten
c) Stellen Sie einen Topf auf mittlere Hitze. Das Öl darin erhitzen. Den Knoblauch mit den Pfefferflocken darin 2 Min. anbraten.
d) Besorgen Sie sich eine große Rührschüssel: Geben Sie die sautierte Knoblauchmischung mit Nudeln, Brokkoli, Romano-Käse, Petersilie, schwarzem Pfeffer und Salz hinein. Mischen Sie sie gut.
e) Passen Sie die Gewürze des Salats an. Servieren Sie es sofort.
f) Genießen.

37.Zitronen-Ricotta-Nudeln mit Kichererbsen

Macht: 4

ZUTATEN:
- 8 Unzen Linguine-Nudeln
- 1 Tasse Ricotta-Käse
- 1 Dose (15 Unzen) Kichererbsen, abgetropft und abgespült
- 3 Tassen toskanischer Grünkohl, Stiele entfernt und grob gehackt
- 2 Esslöffel natives Olivenöl extra
- 3 Knoblauchzehen, gehackt
- 1 Esslöffel Zitronenschale
- 2 Esslöffel Zitronensaft
- Salz und Pfeffer nach Geschmack
- Zitronenscheiben zum Garnieren

ANWEISUNGEN:

a) Beginnen Sie damit, eine großzügige Menge Salzwasser in einem großen Topf zum Kochen zu bringen. Befolgen Sie die Anweisungen auf der Packung der Linguine und kochen Sie sie, bis die gewünschte al dente-Textur erreicht ist.

b) Sobald die Nudeln gekocht sind, lassen Sie sie abgießen, aber bewahren Sie unbedingt etwa eine halbe Tasse Nudelwasser auf. Die Nudeln und das zurückbehaltene Wasser beiseite stellen.

c) Etwas Olivenöl in einer großen Pfanne bei mittlerer Hitze erhitzen. Geben Sie den gehackten Knoblauch in die Pfanne und braten Sie ihn etwa 1 Minute lang an, bis er duftet und leicht golden wird.

d) Geben Sie den toskanischen Grünkohl in die Pfanne und kochen Sie ihn unter gelegentlichem Rühren etwa 3–4 Minuten lang, bis er zusammenfällt und zart wird.

e) Reduzieren Sie die Hitze auf ein leichtes Köcheln und geben Sie den Ricotta-Käse, die Zitronenschale und den Zitronensaft in die Pfanne. Rühren Sie die Zutaten gut um und stellen Sie sicher, dass sich eine glatte, cremige Soße ergibt.

f) Die Kichererbsen und die gekochte Linguine vorsichtig unterheben und darauf achten, dass sie gleichmäßig mit der cremigen Sauce bedeckt sind. Wenn die Soße zu dick erscheint, fügen Sie nach und nach kleine Mengen des zurückbehaltenen Nudelwassers hinzu, um die gewünschte Konsistenz zu erreichen.

g) Würzen Sie das Gericht nach Ihren Geschmacksvorlieben mit Salz und Pfeffer. Lassen Sie die Aromen verschmelzen, indem Sie weitere 2–3 Minuten weiterkochen.

h) Nehmen Sie die Pfanne vom Herd und verteilen Sie die Zitronen-Ricotta-Linguine auf einzelne Servierteller. Für einen zusätzlichen Hauch von Zitrusgeschmack garnieren Sie jeden Teller mit Zitronenscheiben.

i) Servieren Sie das Gericht sofort, solange es noch heiß ist, und genießen Sie den frischen und lebendigen Geschmack.

j) Als perfekte Begleitung kombinieren Sie diese Zitronen-Ricotta-Linguine mit Kichererbsen mit einem frischen Weißwein und servieren Sie ihn zusammen mit etwas Knoblauchbrot für eine sättigende und vollständige Mahlzeit.

38. Garnelen-Carbonara

Macht: 6
ZUTATEN:
- ¼ Tasse Olivenöl, geteilt
- 1 Pfund Hühnerwürfel
- 4 Esslöffel gehackter Knoblauch, geteilt
- 1 Teelöffel Thymian
- 1 Teelöffel Oregano
- 1 Teelöffel Basilikum
- 1 Pfund geschälte und entdarmte Garnele
- 16 Unzen. Linguine
- 6 Scheiben Speckwürfel
- Salz und Pfeffer nach Geschmack
- 1 gehackte Zwiebel
- 1 Tasse geschnittene Pilze
- 1 gehackte rote Paprika
- 2 Tassen Sahne
- 1 Tasse Milch
- 1 ½ Tassen geriebener Parmesankäse
- 2 Eigelb
- 1 Tasse Weißwein.

ANWEISUNGEN:
a) 2 Esslöffel Oliven in einer großen Pfanne erhitzen.
b) Die Hälfte des Knoblauchs anbraten und mit Thymian, Oregano und Basilikum würzen.
c) Das Hähnchen dazugeben und 10 Minuten auf niedriger Stufe garen.
d) Das Hähnchen auf eine Platte legen und beiseite stellen.
e) In derselben Pfanne 2 Esslöffel Olivenöl erhitzen und den restlichen Knoblauch 2 Minuten anbraten.
f) Die Garnelen einrühren und 6 Minuten auf niedriger Stufe garen.
g) Übertragen Sie die Garnelen mit dem Huhn.
h) Die Linguine in einem Topf mit Salzwasser 12 Minuten kochen.
i) Den Speck erneut in derselben Pfanne ca. 5 Minuten braten, bis er gar ist.
j) Den Speck auf einem Papiertuch abtropfen lassen und zerbröckeln. Beiseite legen.
k) Zwiebel, Paprika und Pilze in der Pfanne mit dem Speckfett 5 Minuten anbraten.
l) Sahne, Milch, Parmesankäse, Eigelb, Salz und Pfeffer in einer Schüssel vermischen.
m) Den Wein zu den Zwiebeln, Paprika und Pilzen in die Pfanne geben und zum Kochen bringen.
n) 5 Minuten auf niedriger Stufe kochen.
o) Die Sahnemischung einrühren und 5 Minuten köcheln lassen.
p) Garnelen und Hähnchen zurück in die Pfanne geben und mit der Sauce bestreichen.
q) Garnelen und Hühnchen mit den Nudeln servieren.

39.Linguine und Muschelsauce

Macht: 4

ZUTATEN:

- 16 Unzen. Linguini
- 1 Esslöffel Olivenöl
- 1 gehackte Zwiebel
- 5 gehackte Knoblauchzehen
- ½ Tasse Butter
- Salz und Pfeffer nach Geschmack
- ¼ Tasse trockener Weißwein
- ¼ Tasse Muschelsaft
- 1 ½ Tassen gehackte Muscheln
- 1 Teelöffel rote Paprikaflocken

ANWEISUNGEN:

a) Die Linguini in einem Topf mit Salzwasser 10 Minuten kochen. Abfluss.
b) Das Olivenöl in einer Pfanne erhitzen und die Zwiebel und den Knoblauch 5 Minuten anbraten.
c) Butter, Salz, Pfeffer, Wein und Muschelsaft hinzufügen.
d) 25 Minuten köcheln lassen. Die Soße sollte reduziert und eingedickt werden.
e) Die Muscheln einrühren und 5 Minuten köcheln lassen.
f) Die Linguini in eine Schüssel geben und mit der Muschelsauce bedecken.
g) Mit roten Paprikaflocken garniert servieren.

ENGELSHAAR-PASTA

40. Pasta in einer Pfanne

Ergibt: 5 Portionen

ZUTATEN:

- 1 1/2 Pfund gemahlener Truthahn
- 1 mittelgroße Zwiebel, fein gehackt
- 1 mittelsüße rote Paprika, fein gehackt
- 1 Dose (28 Unzen) gewürfelte Tomaten, nicht abgetropft
- 1 Dose (14-1/2 Unzen) über dem Feuer geröstete, gewürfelte Tomaten, nicht abgetropft
- 1 Dose (14-1/2 Unzen) natriumreduzierte Rinderbrühe
- 1 Dose (4 Unzen) geschnittene Pilze, abgetropft
- 1 Esslöffel brauner Zucker
- 1 Esslöffel Chilipulver
- 8 Unzen ungekochte Engelshaarnudeln
- 1 Tasse geriebener Cheddar-Käse

ANWEISUNGEN:

a) In einer großen gusseisernen oder anderen schweren Pfanne den Truthahn, die Zwiebeln und die Paprika bei mittlerer Hitze anbraten, bis das Fleisch nicht mehr rosa ist; Abfluss.

b) Tomaten, Brühe, Pilze, braunen Zucker und Chilipulver hinzufügen. Zum Kochen bringen. Hitze reduzieren; Ohne Deckel 30 Minuten köcheln lassen.

c) Nudeln hinzufügen; wieder zum Kochen bringen. Hitze reduzieren; abdecken und 30–35 Minuten köcheln lassen, bis die Nudeln weich sind. Mit Käse bestreuen. Abdecken und 2-3 Minuten länger kochen, bis der Käse geschmolzen ist.

41. Engelshaar-Garnelen-Auflauf

ZUTATEN : _
- 1 Packung (9 Unzen) gekühlte Engelshaarnudeln
- 1 1/2 Pfund ungekochte mittelgroße Garnelen, geschält und entdarmt
- 3/4 Tasse zerbröselter Feta-Käse
- 1/2 Tasse geriebener Schweizer Käse
- 1 Glas (16 Unzen) stückige Salsa
- 1/2 Tasse geriebener Monterey-Jack-Käse
- 3/4 Tasse gehackte frische Petersilie
- 1 Teelöffel getrocknetes Basilikum
- 1 Teelöffel getrockneter Oregano
- 2 große Eier
- 1 Tasse halbe Sahne
- 1 Tasse Naturjoghurt
- Gehackte frische Petersilie, optional

ANWEISUNGEN:

a) In einem gefetteten 13x9-Zoll-Format. In die Auflaufform die Hälfte der Nudeln, Garnelen, Feta-Käse, Schweizer Käse und Salsa schichten. Wiederholen Sie die Schichten. Mit Monterey-Jack-Käse, Petersilie, Basilikum und Oregano bestreuen.

b) In einer kleinen Schüssel Eier, Sahne und Joghurt verquirlen; über den Auflauf gießen. Ohne Deckel bei 350° backen, bis ein Thermometer 160° anzeigt, 25–30 Minuten. Vor dem Servieren 5 Minuten ruhen lassen. Nach Belieben mit gehackter Petersilie belegen.

42. Garnelen -Scampi- Pfanne

ZUTATEN:
- 5 Esslöffel Butter
- 2 Esslöffel Olivenöl
- ½ ganze mittelgroße Zwiebel, fein gewürfelt
- 4 Knoblauchzehen, gehackt
- 1 Pfund große Garnelen, geschält und entdarmt
- ½ Tassen Weißwein
- 4 Spritzer scharfe Soße
- 2 ganze Zitronen, entsaftet
- Salz und frisch gemahlener schwarzer Pfeffer nach Geschmack
- 8 Unzen, Gewicht Angel Hair Pasta
- Gehacktes frisches Basilikum nach Geschmack
- Gehackte frische Petersilie, nach Geschmack
- ½ Tassen frisch geriebener Parmesankäse

ANWEISUNGEN:

a)   Olivenöl erhitzen und Butter in einer großen Pfanne bei mittlerer Hitze schmelzen. Zwiebeln hinzufügen

b)   & Knoblauch hinzufügen und zwei bis drei Minuten kochen lassen, oder bis die Zwiebeln glasig sind. Garnelen hinzufügen, umrühren und einige Minuten kochen lassen. Zitronensaft hineinpressen. Wein, Butter, Salz und Pfeffer sowie scharfe Soße hinzufügen. Sie können je nach Wunsch noch mehr scharfe Soße hinzufügen. Umrühren und die Hitze auf niedrig reduzieren.

c)   Engelshaarnudeln in das kochende Wasser geben. Kochen, bis es gerade fertig/AL dente ist.

d)   Abgießen und dabei ein oder zwei Tassen Nudelwasser auffangen.

e)   Pfanne vom Herd nehmen. Fügen Sie die Nudeln hinzu und vermengen Sie sie. Wenn Sie sie verdünnen möchten, fügen Sie einen Spritzer Nudelwasser hinzu. Probieren Sie die Gewürze aus und fügen Sie bei Bedarf Salz und Pfeffer hinzu.

f)   Auf einer großen Servierplatte anrichten und mit frisch geriebenem Parmesan und gehackter Petersilie belegen. Sofort servieren. Genießen.

GNOCCHI

43. Cremiges Hühnchen und Gnocchi in einer Pfanne

Ergibt: 4 Portionen

ZUTATEN:
- 1 1/2 Pfund Hähnchenbrust ohne Knochen und ohne Haut
- Koscheres Salz
- Frisch gemahlener schwarzer Pfeffer
- 2 Esslöffel natives Olivenöl extra (aufgeteilt)
- 1 kleine Schalotte, gewürfelt
- 8 Unzen. Baby-Bella-Pilze, in Scheiben geschnitten
- 2 Knoblauchzehen, gehackt
- 2 TL. frische Thymianblätter
- 1 Teelöffel. getrockneter Oregano
- 1 Tasse natriumarme Hühnerbrühe
- 1 1/4 Tassen halb und halb
- Eine Prise zerstoßene rote Paprikaflocken
- 1 (17 oz.) Packung Gnocchi
- 3/4 Tasse geriebener Mozzarella
- 1/2 Tasse frisch geriebener Parmesan
- 3 Tassen verpackter Babyspinat

ANWEISUNGEN:

a) Das Hähnchen von beiden Seiten mit Salz und Pfeffer würzen. In einer großen Pfanne bei mittlerer bis hoher Hitze 1 Esslöffel Öl erhitzen. Fügen Sie das Huhn hinzu und kochen Sie es etwa 4 Minuten pro Seite, bis es goldbraun wird. Das Hähnchen aus der Pfanne nehmen.

b) Reduzieren Sie die Hitze auf mittlere Stufe und fügen Sie den restlichen 1 Esslöffel Öl hinzu. Schalotte und Pilze dazugeben und etwa 5 Minuten kochen, bis sie goldbraun sind. Fügen Sie Knoblauch, Thymian und Oregano hinzu und kochen Sie es eine weitere Minute lang, bis es duftet. Gießen Sie die Hühnerbrühe hinzu und kratzen Sie alle braunen Stücke vom Boden der Pfanne ab. Fügen Sie langsam die Hälfte und die Hälfte hinzu. Bringen Sie die Mischung zum Kochen und würzen Sie sie mit Salz, Pfeffer und einer Prise roter Pfefferflocken. Die Gnocchi unterrühren und das Hähnchen zurück in die Pfanne geben. Lassen Sie es köcheln, bis das Huhn bei einer Innentemperatur von 165 °F vollständig gegart ist. Dies sollte 8 bis 10 Minuten dauern. Gelegentlich umrühren. Nachdem das Huhn gegart ist, nehmen Sie es aus der Pfanne.

c) Mozzarella und Parmesan dazugeben und rühren, bis sie schmelzen. Dann den Spinat hinzufügen und rühren, bis er zusammenfällt.

d) Das Hähnchen in Scheiben schneiden und wieder in die Pfanne geben. Mit mehr Salz und Pfeffer abschmecken.

44. Gnocchi mit Kräuterpesto

Ergibt: 1 Portion

ZUTATEN:
- 6 Liter Gesalzenes Wasser
- Gnocchi
- ½ Tasse Hühnerbrühe oder reserviertes Gnocchi-Kochwasser
- 3 Esslöffel Ungesalzene Butter
- 1 Tasse Bohnen
- 6 Esslöffel Kräuterpesto
- Salz und Pfeffer
- ½ Tasse frisch geriebener Parmigiano-Reggiano-Käse

ANWEISUNGEN:

a) Das Salzwasser zum Kochen bringen und dann die Gnocchi hinzufügen. Kochen Sie die Gnocchi unter leichtem Rühren, bis sie weich sind, etwa eine Minute nachdem sie an die Topfoberfläche steigen.

b) In der Zwischenzeit in einer großen, tiefen Pfanne Brühe und Butter bei mittlerer Hitze zum Kochen bringen. Bohnen und Pesto dazugeben und mit Salz und Pfeffer abschmecken. Zum Kochen bringen und vom Herd nehmen.

c) Gnocchi aus dem Wasser nehmen und in die Pfanne geben. Erhitzen, bis es mit der Soße bedeckt ist. Vom Herd nehmen und den Käse unterrühren. Sofort servieren.

45. Gnocchi mit Salbei und Mascarpone

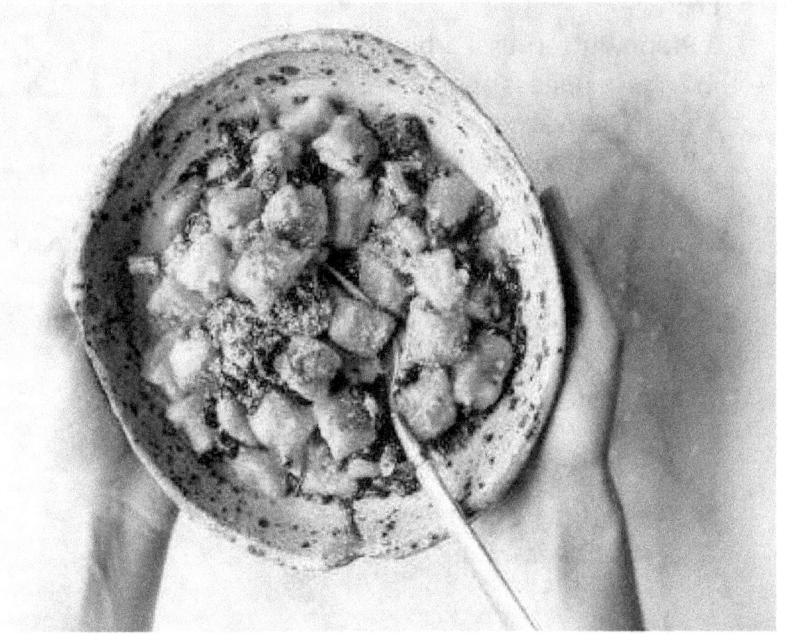

Macht: 12
ZUTATEN:
- 1 Pfund Butternusskürbis
- 1/2 Tasse ungesalzene Butter
- 1 Tasse Mascarpone-Käse
- 1 Prise Cayennepfeffer
- 1/2 Tasse fein geriebener Parmigiano-Reggiano
- Salz und gemahlener schwarzer Pfeffer nach Geschmack
- Käse
- 1/4 Tasse dünn geschnittene frische Salbeiblätter
- 2 große Eier
- 1 Esslöffel fein geriebener Parmigiano-Reggiano
- 1 1/2 Teelöffel Salz
- Käse
- 1/2 Teelöffel gemahlener schwarzer Pfeffer
- 1 Tasse Allzweckmehl, geteilt

ANWEISUNGEN:

a) Den Stiel des Butternusskürbiss abschneiden und der Länge nach halbieren.

b) Den Butternusskürbis in eine mikrowellengeeignete Schüssel geben.

c) Decken Sie die Schüssel mit einer Plastikfolie ab und stellen Sie sie etwa 8 Minuten lang in die Mikrowelle.

d) Übertragen Sie den Kürbis zum Abkühlen auf einen mit Papiertüchern ausgelegten Teller und ziehen Sie dann die Haut ab.

e) In eine Schüssel den Mascarpone-Käse, 1/2 Tasse Parmigiano-Reggiano-Käse, Eier, Salz und schwarzen Pfeffer geben und glatt rühren.

f) Den Butternusskürbis dazugeben und gut verrühren.

g) Fügen Sie eine halbe Tasse Mehl hinzu und schlagen Sie, bis alles gut vermischt ist.

h) Fügen Sie die restliche halbe Tasse Mehl hinzu und rühren Sie, bis alles gut vermischt ist.

i) Abgedeckt mindestens 8 Stunden im Kühlschrank lagern.

j) In einen großen Topf das Salzwasser geben und zum Kochen bringen.

k) In einer großen beschichteten Pfanne etwa 1/3 der Butter schmelzen und vom Herd nehmen.

l) Nehmen Sie etwa 1 1/2 Teelöffel Kürbisteig, drücken Sie den Teig mit einem zweiten Löffel durch und geben Sie ihn in das kochende Wasser.

m) Mit dem restlichen Teig portionsweise wiederholen.

n) Wenn die Gnocchi an die Wasseroberfläche steigen, noch 1 Minute kochen.

o) Geben Sie die Gnocchi mit einem Schaumlöffel in die Pfanne mit der geschmolzenen Butter.

p) Stellen Sie die Pfanne auf mittlere bis hohe Hitze und kochen Sie die Gnocchi etwa 3 Minuten lang.

q) Mit Cayennepfeffer, Salz und schwarzem Pfeffer bestreuen.

r) Die Gnocchi umdrehen und die Salbeiblätter unterrühren.

s) Etwa 2-3 Minuten kochen lassen.

t) Die Gnocchi auf einen Teller geben und mit gebräunter Butter aus der Pfanne beträufeln.

u) Esslöffel Parmigiano-Reggiano-Käse garniert servieren.

FETTUCINI

46.Klassischer Alfredo

Macht: 8
ZUTATEN:
- 6 Hähnchenbrusthälften ohne Haut und Knochen
- 3/4 Teelöffel gemahlener weißer Pfeffer
- 3 C. Milch
- 6 Esslöffel Butter, geteilt
- 1 Tasse halb und halb
- 4 Knoblauchzehen, gehackt, geteilt
- 3/4 C. geriebener Parmesankäse
- 1 Esslöffel italienisches Gewürz
- 8 Unzen. geriebener Monterey-Jack-Käse
- 1 Pfund Fettuccini-Nudeln
- 3 Roma-Tomaten (Pflaumentomaten), gewürfelt
- 1 Zwiebel, gewürfelt
- 1/2 Tasse Sauerrahm
- 1 (8 oz.) Packung geschnittene Pilze
- 1/3 Tasse Allzweckmehl
- 1 Esslöffel Salz

ANWEISUNGEN:

a) Rühren Sie Ihr Huhn um, nachdem Sie es mit italienischem Gewürz in 2 Esslöffel Butter und 2 Stück Knoblauch bestrichen haben.

b) Braten Sie das Fleisch unter Rühren an, bis es gar ist, und legen Sie dann alles beiseite.

c) Kochen Sie nun Ihre Nudeln 9 Minuten lang in Wasser und Salz und entfernen Sie dann alle Flüssigkeiten.

d) Gleichzeitig die Zwiebeln zusammen mit den Pilzen und 2 weiteren Knoblauchstücken in 4 Esslöffeln Butter anbraten.

e) Die Mischung weiter braten, bis die Zwiebeln durchsichtig sind, dann Pfeffer, Salz und Mehl hinzufügen.

f) Rühren und kochen Sie die Mischung 4 Minuten lang. Dann nach und nach die Hälfte und die Milch unter Rühren dazugeben, bis alles glatt ist.

g) Monterey und Parmesan dazugeben und die Mischung kochen lassen, bis der Käse geschmolzen ist, dann das Hühnchen, die saure Sahne und die Tomaten hinzufügen.

h) Servieren Sie Ihre Nudeln großzügig mit der Hühnermischung und der Soße.

47. Crimini-Nudelauflauf

Macht: 6
ZUTATEN:
- 8 Crimini-Pilze
- 1/3 Tasse Parmesankäse, gerieben
- 1 Tasse Brokkoliröschen
- 3 Esslöffel Kräuter der Provence
- 1 Tasse Spinat, frisches Blatt, dicht verpackt
- 2 Esslöffel natives Olivenöl extra
- 2 rote Paprika, julieniert
- 1 Esslöffel Salz
- 1 große Zwiebel, gehackt
- 1/2 Esslöffel Pfeffer
- 1 Tasse Mozzarella-Käse, gerieben
- 1 Tasse Tomatensauce
- 2/3 Pfund Nudeln (Fettuccine oder Penne eignen sich gut)

ANWEISUNGEN:
a) Bevor Sie irgendetwas tun, stellen Sie den Ofen auf 450 F ein. Fetten Sie eine Auflaufform mit Öl oder Kochspray ein.
b) Besorgen Sie sich eine große Rührschüssel: Geben Sie Pilze, Brokkoli, Spinat, Paprika und Zwiebeln hinein.
c) Fügen Sie 1 Esslöffel Olivenöl, Salz und Pfeffer hinzu und rühren Sie alles noch einmal um.
d) Das Gemüse in der gefetteten Form verteilen und 10 Minuten im Ofen garen.
e) Kochen Sie die Nudeln, bis sie fest sind. Die Nudeln abtropfen lassen und beiseite stellen.
f) Besorgen Sie sich eine große Rührschüssel: Mischen Sie 1 Esslöffel Olivenöl mit gebackenem Gemüse, Nudeln, Kräutern und Mozzarella. Die Mischung wieder in der Auflaufform verteilen.
g) Den Käse darüberstreuen und 20 Minuten kochen lassen. Warm servieren und genießen.

48. Knoblauch-Parmesan-Nudeln in einem Topf

ZUTATEN:

- 2 Esslöffel ungesalzene Butter
- 4 Knoblauchzehen, fein gehackt
- 2 Tassen Hühnerbrühe (470 ml)
- 1 Tasse Milch (235 ml)
- 8 Unzen Fettuccine (225 g)
- Salz, nach Geschmack
- Pfeffer, nach Geschmack
- ¼ Tasse geriebener Parmesankäse (25 g)
- 2 Esslöffel frische Petersilie, gehackt

ANWEISUNGEN:

a) In einer großen Pfanne ungesalzene Butter bei mittlerer bis hoher Hitze erhitzen. Fügen Sie den gehackten Knoblauch hinzu und kochen Sie ihn unter häufigem Rühren, bis er duftet (ca. 1–2 Minuten).

b) Hühnerbrühe, Milch und Fettuccine in die Pfanne geben. Mit Salz und Pfeffer würzen.

c) Bringen Sie die Mischung zum Kochen, reduzieren Sie dann die Hitze und lassen Sie sie unter gelegentlichem Rühren köcheln, bis die Nudeln gar sind (ca. 18–20 Minuten).

d) Den geriebenen Parmesankäse unterrühren. Wenn die Mischung zu dick ist, passen Sie die Konsistenz an, indem Sie nach Bedarf mehr Milch hinzufügen.

e) Sofort servieren und mit frisch gehackter Petersilie garnieren.

f) Genießen Sie dieses köstliche und unkomplizierte Essen!

49.One-Pot Chicken Bacon Fettuccine Alfredo

Ergibt: 6 Personen
ZUTATEN:
- 8 Streifen Speck, gehackt und vom Fett befreit
- 2 große Hähnchenbrüste, in 2,5 cm große Stücke gewürfelt
- 4 Knoblauchzehen, gehackt
- 2 Teelöffel koscheres Salz
- 1 Teelöffel Pfeffer
- 6 1/2 Tassen Milch (Vollfett oder 2 %); Sie können auch halb und halb verwenden
- 500 g (1 Pfund) trockene Fettuccine-Nudeln
- 1 großer Brokkolikopf, in Röschen geschnitten, ohne Stiel
- 1 Tasse frisch geriebener Parmesankäse

ANWEISUNGEN:
a) In einem großen Topf oder Topf den Speck bei mittlerer Hitze knusprig braten.
b) Fügen Sie das gewürfelte Hähnchen hinzu und braten Sie es an, bis es gar ist. Fügen Sie den gehackten Knoblauch hinzu und kochen Sie ihn, bis er duftet (ca. 2 Minuten). Mit Salz und Pfeffer würzen.
c) Die Milch einfüllen, umrühren und leicht köcheln lassen. Reduzieren Sie sofort die Hitze und fügen Sie die Fettuccine-Nudeln hinzu.
d) Gelegentlich 5-6 Minuten lang umrühren oder bis die Nudeln weich werden und sich biegen. Den Brokkoli hinzufügen, umrühren und den Topf mit einem Deckel abdecken. Unter gelegentlichem Rühren weiter kochen, bis die Nudeln gar sind und eine al dente-Textur erreichen (ca. weitere 7 Minuten).
e) Den Parmesankäse einrühren und verrühren, bis er mit der Sauce verschmilzt. Wenn die Soße zu dick wird, fügen Sie nach Bedarf mehr Milch hinzu.
f) Nach Belieben mit zusätzlichem Pfeffer und Parmesankäse servieren.
g) Genießen Sie eine gesündere Version dieses klassischen Gerichts mit vollem Geschmack und weniger Aufwand.

50.Pilzfettuccine

Ergibt: 8 Portionen

ZUTATEN:
- 1/2 Tasse Land O Lakes® Butter (aufgeteilt)
- 2 Zehen frisch gehackter Knoblauch (oder eine Prise Knoblauchsalz)
- 16 Unzen frisch geschnittene Pilze
- 1 Tasse schwere Schlagsahne
- 1 Pfund Fettuccine
- 1/2 Tasse Parmesankäse
- 1 Tasse reserviertes Nudelwasser
- 1 Teelöffel Salz (nach Geschmack anpassen)
- Frisch gemahlener schwarzer Pfeffer
- Als Belag frische Petersilie

ANWEISUNGEN:

a) Beginnen Sie mit dem Reinigen der Pilze. In einer großen Pfanne 2 Esslöffel Butter schmelzen und Knoblauch und Pilze hinzufügen. Anbraten, bis die Pilze weich werden und eine tiefbraune Farbe annehmen. Dies sollte etwa 10–15 Minuten dauern.

b) Sahne und restliche Butter in die Pfanne geben. Bei schwacher Hitze köcheln lassen.

c) Während Ihre Pilzsauce köchelt, kochen Sie die Fettuccine in einem großen Topf gemäß den Anweisungen auf der Packung. Sobald die Fettuccine gar sind, lassen Sie sie abgießen, behalten Sie dabei eine kleine Menge Nudelwasser auf und geben Sie sie zurück in die Pfanne.

d) Die Pilzsauce mit der heißen Fettuccine in der Pfanne vermischen. Alles mit einer Zange vermengen. Fügen Sie nach Bedarf Parmesankäse und bis zu 1 Tasse reserviertes Nudelwasser hinzu, um die gewünschte Konsistenz zu erreichen. Mit Salz und frisch gemahlenem Pfeffer würzen.

e) Jetzt können Sie am Herd stehen und dieses köstliche Gericht direkt aus der Pfanne genießen. Es ist so gut!

RIGATONI TEIGWAREN

51. Romano Rigatoni-Auflauf

Macht: 6

ZUTATEN:
- 1 Pfund gemahlene Wurst
- 1/4 Tasse Romano-Käse, gerieben
- 1 (28 oz.) Dose Tomatensauce nach italienischer Art
- gehackte Petersilie zum Garnieren
- 1 (14 1/2 oz.) Dose Cannellini-Bohnen, abgetropft und abgespült
- 1 (16 oz.) BOX Rigatoni-Nudeln
- 1/2 Teelöffel gehackter Knoblauch
- 1 Teelöffel italienisches Gewürz
- 3 C. geriebener Mozzarella-Käse

ANWEISUNGEN:

a) Bevor Sie irgendetwas tun, stellen Sie den Ofen auf 350 F ein. Fetten Sie eine große Auflaufform mit etwas Butter oder Öl ein.

b) Stellen Sie einen großen Topf auf mittlere Hitze. Fügen Sie den Knoblauch zu den Würstchen hinzu und kochen Sie sie 6 Minuten lang.

c) Tomatensauce, Bohnen und italienische Gewürze hinzufügen und 5 Minuten bei schwacher Hitze kochen lassen.

d) Kochen Sie die Nudeln gemäß den Anweisungen des Herstellers. Lassen Sie die Nudeln abtropfen und geben Sie sie in den Topf.

e) Die Hälfte der Wurst-Nudel-Mischung in die gefettete Auflaufform geben und mit der Hälfte des Mozzarella-Käses belegen. Wiederholen Sie den Vorgang, um eine weitere Ebene zu erstellen.

f) Belegen Sie den Auflauf mit Romano-Käse und legen Sie dann ein Stück Folie darauf. Den Rigatoni-Auflauf 26 Minuten im Ofen garen.

g) Servieren Sie Ihre Rigatoni warm.

52.Veganes Rigatoni-Basilikum

Macht: 6

ZUTATEN:
- 1 1/2 (8 Unzen) Packungen Rigatoni-Nudeln
- 6 Blätter frisches Basilikum, in dünne Scheiben geschnitten
- 2 Esslöffel Olivenöl
- 6 Zweige frischer Koriander, gehackt
- 2 Knoblauchzehen, gehackt
- 1/4 Tasse Olivenöl
- 1/2 (16 oz.) Packung Tofu, abgetropft und gewürfelt
- 1/2 Teelöffel getrockneter Thymian
- 1 1/2 Teelöffel Sojasauce
- 1 kleine Zwiebel, in dünne Scheiben geschnitten
- 1 große Tomate, gewürfelt
- 1 Karotte, geraspelt

ANWEISUNGEN:

a) Kochen Sie die Nudeln gemäß den Anweisungen auf der Packung.

b) Stellen Sie eine große Pfanne auf mittlere Hitze. 2 Esslöffel Olivenöl darin erhitzen. Fügen Sie den Knoblauch hinzu und kochen Sie ihn 1 Minute und 30 Sekunden lang.

c) Thymian und Tofu unterrühren. Kochen Sie sie 9 Minuten lang. Sojasauce einrühren und den Herd ausschalten.

d) Besorgen Sie sich eine große Rührschüssel: Geben Sie Rigatoni, Tofu-Mischung, Zwiebeln, Tomaten, Karotten, Basilikum und Koriander hinein. Das Olivenöl über den Nudelsalat träufeln und servieren.

Ellenbogen-Makkaroni

53.BLT Nudelsalat

Macht: 6

ZUTATEN:
- 2 Tassen Makkaroni
- 1 ¼ Tassen Mayonnaise
- 2 Esslöffel Balsamico-Essig
- 1 Tasse halbierte Kirschtomaten
- ¼ Tasse gehackte rote Paprika
- 3 Esslöffel gehackte Frühlingszwiebeln
- ½ Tasse geriebener Cheddar-Käse
- Salz und Pfeffer nach Geschmack
- ½ Teelöffel Dill
- 10 Speckscheiben
- 8 Unzen. gehackter Römersalat

ANWEISUNGEN:
a) Die Makkaroni in einem Topf mit Salzwasser 10 Minuten kochen. Abgießen und in eine Salatschüssel geben.
b) Mayonnaise, Balsamico-Essig, Tomaten, Paprika, Frühlingszwiebeln, Käse, Salz, Pfeffer und Dill zu den Makkaroni geben und gut verrühren.
c) 3 Stunden kalt stellen.
d) Den Speck 10 Minuten braten, bis er knusprig ist.
e) Den Speck abgießen und abkühlen lassen, dann den Speck zerbröseln.
f) Den Salat mit dem zerbröckelten Speck belegen.
g) Auf Römersalat servieren.

54.Spinat-Artischocken-Mac-and-Cheese

Ergibt: 6 BIS 8

ZUTATEN:

- 6 Esslöffel gesalzene Butter, zimmerwarm, plus etwas mehr zum Einfetten
- 1 (1 Pfund) Packung Kurznudeln, zum Beispiel Makkaroni
- 2 Tassen Vollmilch
- 1 (8 Unzen) Packung Frischkäse, gewürfelt
- 3 Tassen geriebener scharfer Cheddar-Käse
- Koscheres Salz und frisch gemahlener Pfeffer
- Gemahlener Cayennepfeffer
- 2 Tassen verpackter frischer Babyspinat, gehackt
- 1 (8 Unzen) Glas marinierte Artischocken, abgetropft und grob gehackt
- 1½ Tassen zerkleinerte Ritz-Cracker (ca. 1 Hülse)
- ¾ Teelöffel Knoblauchpulver

ANWEISUNGEN:

a) Heizen Sie den Ofen auf 375 °F vor. Eine 9 × 13 Zoll große Auflaufform einfetten.

b) In einem großen Topf 4 Tassen Salzwasser bei starker Hitze zum Kochen bringen. Die Nudeln dazugeben und unter gelegentlichem Rühren 8 Minuten kochen lassen. Milch und Frischkäse einrühren und ca. 5 Minuten kochen lassen, bis der Frischkäse geschmolzen ist und die Nudeln al dente sind.

c) Nehmen Sie die Pfanne vom Herd und rühren Sie 2 Tassen Cheddar und 3 Esslöffel Butter hinein. Mit Salz, Pfeffer und Cayennepfeffer würzen. Spinat und Artischocken unterrühren. Wenn sich die Soße zu dick anfühlt, fügen Sie ¼ Tasse Milch oder Wasser hinzu, um sie zu verdünnen.

d) Übertragen Sie die Mischung in die vorbereitete Auflaufform. Mit der restlichen 1 Tasse Cheddar belegen.

e) In einer mittelgroßen Schüssel die Cracker, die restlichen 3 Esslöffel Butter und das Knoblauchpulver verrühren. Streuen Sie die Krümel gleichmäßig über die Makkaroni und den Käse.

f) Etwa 20 Minuten backen, bis die Soße Blasen bildet und die Krümel goldbraun sind. 5 Minuten abkühlen lassen und servieren. Bewahren Sie Reste gekühlt in einem luftdichten Behälter bis zu 3 Tage auf.

55.Chili-Mac-Auflauf

ZUTATEN:
- 1 Tasse ungekochte Makkaroni
- 2 Pfund mageres Rinderhackfleisch (90 % mager)
- 1 mittelgroße Zwiebel, gehackt
- 2 Knoblauchzehen, gehackt
- 1 Dose (28 Unzen) gewürfelte Tomaten, nicht abgetropft
- 1 Dose (16 Unzen) Kidneybohnen, abgespült und abgetropft
- 1 Dose (6 Unzen) Tomatenmark
- 1 Dose (4 Unzen) gehackte grüne Chilis
- 1-1/4 Teelöffel Salz
- 1 Teelöffel Chilipulver
- 1/2 Teelöffel gemahlener Kreuzkümmel
- 1/2 Teelöffel Pfeffer
- 2 Tassen geriebene, fettarme mexikanische Käsemischung
- Optional in dünne Scheiben geschnittene Frühlingszwiebeln

ANWEISUNGEN:
a) Makkaroni nach Packungsanleitung kochen. In der Zwischenzeit in einer großen beschichteten Pfanne das Rindfleisch, die Zwiebeln und den Knoblauch bei mittlerer Hitze anbraten, bis das Fleisch nicht mehr rosa ist und das Fleisch in Stücke zerfällt. Abfluss. Tomaten, Bohnen, Tomatenmark, Chilis und Gewürze unterrühren. Makkaroni abtropfen lassen; zur Rindfleischmischung hinzufügen.

b) Übertragen Sie es auf ein 13x9-Zoll-Gerät. Mit Kochspray bestrichene Auflaufform. Abdecken und bei 375 °C 25–30 Minuten lang sprudelnd backen. Aufdecken; mit Käse bestreuen. 5–8 Minuten länger backen, bis der Käse geschmolzen ist. Nach Belieben mit geschnittenen Frühlingszwiebeln belegen.

ZITI NUDELN

56. Gebackene Ziti

Macht: 10

ZUTATEN:
- 1 Pfund Ziti-Nudeln
- 1 Esslöffel Olivenöl
- 1 Pfund Rinderhackfleisch
- Salz und Pfeffer nach Geschmack
- ½ Teelöffel Knoblauchsalz
- ½ Teelöffel Knoblauchpulver
- 1 gehackte Zwiebel
- 6 Tassen Tomatensauce
- ½ Teelöffel Oregano
- ½ Teelöffel Basilikum
- 1 Tasse Ricotta-Käse
- 1 geschlagenes Ei
- 1 Tasse. geriebener Mozzarella-Käse
- ¼ Tasse geriebener Pecorino-Käse

ANWEISUNGEN:

a) Kochen Sie die Ziti 10 Minuten lang in einem Topf mit Salzwasser. Lass das Wasser ab.

b) Das Olivenöl in einem Topf erhitzen.

c) Das Rindfleisch mit Salz, Pfeffer, Knoblauchsalz und Knoblauchpulver würzen.

d) Das Fleisch und die Zwiebel im Topf 5 Minuten anbraten.

e) Tomatensoße dazugeben und mit Oregano und Basilikum würzen.

f) 25 Minuten köcheln lassen.

g) Den Backofen auf 350 Grad vorheizen.

h) Ei und Ricotta-Käse verquirlen.

i) Mit dem Pecorino-Käse bestreuen.

j) Die Hälfte der Nudeln und die Hälfte der Soße in eine Auflaufform geben.

k) Die Hälfte des Ricotta-Käses hinzufügen.

l) Mit der Hälfte des Mozzarella-Käses belegen.

m) Erstellen Sie eine weitere Schicht Nudeln, Soße und Mozzarella.

n) 25 Minuten backen. Der Käse sollte sprudelnd sein.

57. Provolone Ziti Bake

Zutaten : _
- 1 Esslöffel Olivenöl
- 1 mittelgroße Zwiebel, gehackt
- 3 Knoblauchzehen, gehackt
- 2 Dosen (je 28 Unzen) zerkleinerte italienische Tomaten
- 1-1/2 Tassen Wasser
- 1/2 Tasse trockener Rotwein oder natriumarme Brühe
- 1 Esslöffel Zucker
- 1 Teelöffel getrocknetes Basilikum
- 1 Packung (16 Unzen) Ziti-Nudeln oder kleine Tubennudeln
- 8 Scheiben Provolone-Käse

ANWEISUNGEN:

a) Backofen auf 350° vorheizen. In einem 6-qt. Suppentopf, Öl bei mittlerer bis hoher Hitze erhitzen. Zwiebel hinzufügen; kochen und 2-3 Minuten rühren, bis es weich ist. Knoblauch hinzufügen; 1 Minute länger kochen. Tomaten, Wasser, Wein, Zucker und Basilikum unterrühren. Zum Kochen bringen; Vom Herd nehmen. Ungekochtes Ziti unterrühren.

b) Übertragen Sie es auf ein 13x9-Zoll-Gerät. Mit Kochspray bestrichene Auflaufform. Zugedeckt 1 Stunde backen. Mit Käse belegen. Unbedeckt 5–10 Minuten länger backen oder bis die Ziti weich und der Käse geschmolzen ist.

58.Rindfleisch-Ziti-Auflauf

Ergibt: 1 Portion

ZUTATEN:
- 8 Unzen ungekochte Ziti-Makkaroni
- 1 Dose (16 oz.) geschnittene grüne Bohnen, abgetropft
- 1 Dose (11 Unzen) Green Giant Niblets Corn, abgetropft
- 1 Pfund Hackfleisch
- 2 Dosen (je 10 3/4 Unzen) Campbell's Condensed Golden Mushroom Soup
- 1 Dose (14 1/2 Unzen) gedünstete Del-Monte-Tomaten (je nach Wunsch grobe Pasta oder italienische Art)
- 1 Teelöffel zerkleinerte getrocknete Basilikumblätter
- ¼ Teelöffel Pfeffer
- ½ Teelöffel Knoblauchpulver
- 2 Tassen geriebener scharfer Cheddar-Käse

ANWEISUNGEN:

a) Den Backofen auf 400 Grad vorheizen.

b) Kochen Sie die Ziti-Makkaroni gemäß den Anweisungen auf der Packung und lassen Sie sie dann abtropfen.

c) Geben Sie den gekochten Ziti und die abgetropften grünen Bohnen und den Mais zurück in den Kochtopf, der für den Ziti verwendet wurde.

d) In einer 10-Zoll-Pfanne bei mittlerer Hitze das Hackfleisch anbraten und umrühren, um es auseinanderzubrechen. dann das Fett abgießen.

e) Die goldene Pilzsuppe, gedünstete Tomaten, getrocknetes Basilikum, Pfeffer und Knoblauchpulver unter das gekochte Rindfleisch rühren. Erhitzen Sie die Mischung gründlich.

f) Die Suppenmischung zur Ziti-Gemüse-Mischung geben und gut vermischen.

g) Geben Sie die Mischung in eine gefettete 33 x 23 cm große Auflaufform.

h) Decken Sie die Form mit Folie ab und backen Sie sie 15 Minuten lang.

i) Decken Sie den Auflauf ab, bestreuen Sie ihn mit dem geriebenen Käse und backen Sie ihn weitere 5 Minuten lang oder bis der Käse geschmolzen ist. Genießen!

59.Gebackene Ziti

Ergibt: 6 Portionen

ZUTATEN:
- 1 Pfund gekochter Ziti
- 1 Pfund gekochtes Hackfleisch
- 1 Packung (15 oz) Ricotta-Käse
- ¼ Tasse Petersilie
- ½ Tasse Parmesankäse
- 1 Ei
- 2 Tassen geriebener Mozzarella-Käse
- 3 Tassen Sauce Ihrer Wahl

ANWEISUNGEN:

a) In einer Rührschüssel Ricotta-Käse, Ei, Petersilie und Parmesankäse vermischen.

b) Mischen Sie den gekochten Hamburger vorsichtig mit dieser Käsemischung.

c) Den gekochten Ziti zur Mischung hinzufügen und gut vermischen.

d) ¾ der Soße Ihrer Wahl untermischen.

e) Die Mischung in einer Backform verteilen.

f) Die restliche Soße darübergießen.

g) Streuen Sie den geriebenen Mozzarella-Käse über die Sauce.

h) 30–35 Minuten bei 180 °C backen oder bis es Blasen bildet und der Käse geschmolzen und leicht gebräunt ist.

i) Genießen Sie Ihr köstliches gebackenes Ziti!

60.Ziti-Wurstauflauf

Ergibt: 1 Portion

ZUTATEN:
- 8 Unzen Ziti, nach Packungsanweisung gekocht
- 4 Stücke italienische Wurst (scharf oder süß oder eine Kombination aus beidem)
- 1¾ Tassen Half and Half
- 1½ Tassen geriebener Fontina-Käse
- ½ Tasse gewürfelter grüner Pfeffer (optional)
- Salz und Pfeffer nach Geschmack
- ¼ Tasse geriebener italienischer Käse

ANWEISUNGEN:
a) Den Ziti nach Packungsanweisung garen und abtropfen lassen.
b) Nehmen Sie die Wurst aus der Hülle, zerbröseln Sie sie und braten Sie sie in einer Pfanne an. Überschüssiges Fett abtropfen lassen.
c) Fügen Sie die gebräunte Wurst zu den gekochten Nudeln hinzu, zusammen mit der gewürfelten Paprika (falls verwendet), 1 Tasse halb und halb, 1 Tasse Fontina-Käse und dem geriebenen italienischen Käse. Alles miteinander vermischen.
d) Gießen Sie die Mischung in eine gebutterte 13x9-Zoll-Auflaufform.
e) Decken Sie die Form ab und backen Sie sie 20 Minuten lang bei 350 °F.
f) Decken Sie die Form ab und belegen Sie sie mit der restlichen Hälfte und dem Fontina-Käse.
g) Weitere 10 Minuten backen oder bis der Käse geschmolzen ist und das Gericht Blasen wirft.
h) Vor dem Servieren 5 Minuten ruhen lassen.
i) Genießen Sie Ihren Ziti-Wurstauflauf!

SPAGHETTI-NUDELN

61. Pesto-Garnelen mit Nudeln

Macht: 4

ZUTATEN:
- 8 Unzen. Spaghetti
- 2 gehackte Knoblauchzehen
- Salz nach Geschmack
- 1 Esslöffel Olivenöl
- 8 Unzen. Spargel
- 1 Tasse geschnittene weiße Champignons
- ¾ Pfund geschälte und entdarmte Garnelen
- ⅛ Teelöffel roter Pfeffer
- ¼ Tasse Pesto – oder bereiten Sie Ihr eigenes zu
- 2 Esslöffel geriebener Parmesankäse

ANWEISUNGEN:

a) Die Spaghetti in einen Topf mit kochendem Salzwasser geben und 10 Minuten kochen lassen.

b) Die Spaghetti abtropfen lassen, aber einen Teil des Nudelwassers beiseite stellen.

c) Das Olivenöl in einer Pfanne erhitzen.

d) Knoblauch, Spargel und Pilze 5 Minuten anbraten, bis sie weich sind.

e) Die Garnelen in die Pfanne geben und mit rotem Pfeffer würzen

f) 5 Minuten kochen lassen.

g) Wenn Flüssigkeit benötigt wird, ein paar Esslöffel Nudelwasser hinzufügen.

h) Die Pestosauce und den Parmesankäse vermischen.

i) Das Pesto unter die Garnelen rühren.

j) 5 Minuten kochen lassen

k) Über den Spaghetti servieren.

62.Thunfischnudeln

Macht: 4
ZUTATEN:
- 2 Esslöffel Olivenöl
- 1 (7 Unzen) Dose mit Öl eingelegter Thunfisch, abgetropft
- 1 Sardellenfilet
- 1/4 Tasse gewürfelte frische glatte Petersilie
- 2 Esslöffel Kapern
- 1 (12 oz.) Packung Spaghetti
- 3 gehackte Knoblauchzehen
- 1 Esslöffel natives Olivenöl extra oder nach Geschmack
- 1/2 Tasse trockener Weißwein
- 1/4 Tasse frisch geriebener Parmigiano-Reggiano
- 1/4 Teelöffel getrockneter Oregano
- Käse oder nach Geschmack
- 1 Prise rote Paprikaflocken oder nach Geschmack
- 1 Esslöffel gewürfelte frische glatte Petersilie oder nach Geschmack 3 C. zerdrückte italienische (Pflaumen-)Tomaten
- Salz und gemahlener schwarzer Pfeffer nach Geschmack
- 1 Prise Cayennepfeffer oder nach Geschmack

ANWEISUNGEN:

a) Braten Sie Ihre Kapern und Sardellen 4 Minuten lang in Olivenöl an, fügen Sie dann den Knoblauch hinzu und braten Sie die Mischung weitere 2 Minuten lang weiter.

b) Fügen Sie nun Pfefferflocken, Weißwein und Orange hinzu.

c) Rühren Sie die Mischung um und erhöhen Sie die Hitze.

d) Lassen Sie die Mischung 5 Minuten lang kochen, bevor Sie die Tomaten hinzufügen und die Mischung leicht köcheln lassen.

e) Sobald die Mischung köchelt, fügen Sie hinzu: Cayennepfeffer, schwarzen Pfeffer und Salz.

f) Stellen Sie die Hitze auf niedrig und lassen Sie alles 12 Minuten kochen.

g) Beginnen Sie nun, Ihre Nudeln 10 Minuten lang in Wasser und Salz zu kochen, entfernen Sie dann alle Flüssigkeiten und lassen Sie die Nudeln in der Pfanne.

h) Die köchelnden Tomaten mit den Nudeln vermischen und einen Deckel auf den Topf legen. Bei schwacher Hitze alles 4 Minuten erwärmen.

i) Wenn Sie Ihre Pasta servieren, geben Sie etwas Parmigiano-Reggiano, Petersilie und Olivenöl dazu.

63. Sonnige heiße Spaghetti

Macht: 2

ZUTATEN:
- 2 1/2 Tasse gekochte Spaghetti
- 1 Teelöffel Oregano
- 1/4 Tasse Olivenöl
- 1 Teelöffel Knoblauchgranulat oder 2 Esslöffel frischer Knoblauch
- 8 Peperoncini-Paprikaschoten, fein gehackt
- 1/2 Tasse Spaghettisauce

ANWEISUNGEN:
a) Stellen Sie eine große Pfanne auf mittlere Hitze. Das Öl darin erhitzen. Die Kräuter mit Paprika dazugeben und 4 Minuten kochen lassen .
b) Die Soße mit den gekochten Spaghetti verrühren und 3 Minuten kochen lassen.
c) Servieren Sie Ihre Spaghetti sofort warm.
d) Genießen.

64.Spaghetti-Bolognese-Pfannenauflauf

Ergibt: 6 Portionen
ZUTATEN:
- 12 Unzen (340 g) Spaghetti
- 1 Pfund (450 g) Rinderhackfleisch
- 1 mittelgroße Zwiebel, fein gehackt
- 2 Knoblauchzehen, gehackt
- 28-Unzen-Dose zerdrückte Tomaten
- 2 Esslöffel Tomatenmark
- 1 Teelöffel getrockneter Oregano
- 1 Teelöffel getrocknetes Basilikum
- ½ Teelöffel rote Paprikaflocken
- Salz und schwarzer Pfeffer nach Geschmack
- ¼ Tasse Rotwein (optional)
- Frische Basilikumblätter zum Garnieren
- Olivenöl zum Einfetten

ANWEISUNGEN:

a) Heizen Sie Ihren Backofen auf 375 °F (190 °C) vor.

b) In einem großen Topf mit kochendem Salzwasser die Spaghetti nach Packungsanleitung kochen, bis sie gerade al dente sind. Abtropfen lassen und beiseite stellen.

c) In einer großen ofenfesten Pfanne etwas Olivenöl bei mittlerer bis hoher Hitze erhitzen. Die gehackten Zwiebeln dazugeben und ca. 2-3 Minuten kochen, bis sie glasig werden.

d) Geben Sie das Hackfleisch in die Pfanne und kochen Sie es, indem Sie es mit einem Löffel auseinanderbrechen, bis es gebräunt und nicht mehr rosa ist (ca. 5–7 Minuten). Wenn überschüssiges Fett vorhanden ist, lassen Sie es abtropfen.

e) Den gehackten Knoblauch einrühren und weitere 1-2 Minuten kochen, bis er duftet.

f) Zerkleinerte Tomaten, Tomatenmark, getrockneten Oregano, getrocknetes Basilikum, rote Pfefferflocken, Salz und schwarzen Pfeffer hinzufügen. Wenn Sie Rotwein verwenden, gießen Sie ihn jetzt ein. Alle Zutaten gut vermischen und die Sauce leicht köcheln lassen.

g) Lassen Sie es etwa 10 Minuten lang kochen, damit sich die Aromen vermischen und die Sauce leicht eindickt.

h) Die gekochten Spaghetti in die Pfanne geben und gründlich mit der Bolognese-Sauce vermischen. Vom Herd nehmen.

i) Die Pfanne in den vorgeheizten Ofen stellen und etwa 20–25 Minuten backen.

j) Sobald die Bratpfanne aus dem Ofen kommt, garnieren Sie sie mit frischen Basilikumblättern und servieren Sie sie.

65.Jakobsmuscheln mit Spaghetti

Macht: 4
ZUTATEN:
- 8 Unzen. Spaghetti
- ⅓ Tasse trockener Weißwein
- 3 Esslöffel Butter
- 1 Pfund Jakobsmuscheln
- 4 gehackte Knoblauchzehen
- 1 Prise rote Paprikaflocken
- 1 Tasse Sahne
- Salz und Pfeffer nach Geschmack
- Saft einer halben Zitrone
- ¼ Tasse geriebener Pecorino-Romano

ANWEISUNGEN:
a) Die Spaghetti in einem Topf mit Salzwasser 10 Minuten kochen. Abtropfen lassen und beiseite stellen.
b) Die Butter in einer großen Pfanne erhitzen.
c) Die Jakobsmuscheln in einer Schicht dazugeben und bei mittlerer Hitze 2 Minuten anbraten.
d) Die Jakobsmuscheln wenden und auf der anderen Seite noch 1 Minute anbraten.
e) Knoblauch, Paprikaflocken und Wein einrühren und 1 Minute kochen lassen. Achten Sie darauf, die Jakobsmuscheln nicht zu lange zu kochen.
f) Mit Salz, Pfeffer und dem Saft einer halben Zitrone würzen.
g) Rühren Sie die Spaghetti in die Pfanne und vermischen Sie sie mit den Jakobsmuscheln.
h) 2 Minuten köcheln lassen und mit dem geriebenen Käse belegen.

66.Sonnige heiße Spaghetti

Macht: 2
ZUTATEN:
- 2 1/2 Tasse gekochte Spaghetti
- 1 Teelöffel Oregano
- 1/4 Tasse Olivenöl
- 2 Esslöffel frischer Knoblauch
- 8 Peperoncini-Paprikaschoten, fein gehackt
- 1/2 Tasse Spaghettisauce

ANWEISUNGEN:
a)   Stellen Sie eine große Pfanne auf mittlere Hitze. Das Öl darin erhitzen. Die Kräuter mit Paprika hinzufügen und 4 Minuten kochen lassen.
b)   Die Soße mit den gekochten Spaghetti einrühren und 3 Minuten kochen lassen.
c)   Servieren Sie Ihre Spaghetti sofort warm.

67. CHICKEN Tetrazzini

ZUTATEN : _

- 8 Unzen ungekochte Spaghetti
- 2 Teelöffel plus 3 Esslöffel Butter, geteilt
- 8 Speckstreifen, gehackt
- 2 Tassen geschnittene frische Pilze
- 1 kleine Zwiebel, gehackt
- 1 kleine grüne Paprika, gehackt
- 1/3 Tasse Allzweckmehl
- 1/4 Teelöffel Salz
- 1/4 Teelöffel Pfeffer
- 3 Tassen Hühnerbrühe
- 3 Tassen grob zerkleinertes Brathähnchen
- 2 Tassen gefrorene Erbsen (ca. 8 Unzen)
- 1 Glas (4 Unzen) gewürfelte Pimientos, abgetropft
- 1/2 Tasse geriebener Romano- oder Parmesankäse

ANWEISUNGEN:

a) Backofen auf 375° vorheizen. Spaghetti nach Packungsanweisung al dente kochen. Abfluss; Übertragen Sie es auf ein gefettetes 13x9-Zoll. Backform. 2 Teelöffel Butter hinzufügen und vermengen.

b) In der Zwischenzeit den Speck in einer großen Pfanne bei mittlerer Hitze knusprig braten, dabei gelegentlich umrühren. Mit einem Schaumlöffel herausnehmen; Auf Papiertüchern abtropfen lassen. Reste wegwerfen und 1 Esslöffel in der Pfanne aufbewahren. Pilze, Zwiebeln und grünen Pfeffer zum Bratenfett hinzufügen; kochen und bei mittlerer bis hoher Hitze 5-7 Minuten lang rühren, bis es weich ist. Aus der Pfanne nehmen.

c) In derselben Pfanne die restliche Butter bei mittlerer Hitze erhitzen. Mehl, Salz und Pfeffer einrühren, bis eine glatte Masse entsteht. Nach und nach Brühe einrühren. Unter gelegentlichem Rühren zum Kochen bringen; kochen und 3-5 Minuten rühren, bis es leicht eingedickt ist. Hühnchen, Erbsen, Pimientos und Pilzmischung hinzufügen; erhitzen und gelegentlich umrühren. Über die Spaghetti geben. Mit Speck und Käse bestreuen.

d) Ohne Deckel 25–30 Minuten backen oder bis sie goldbraun sind. Vor dem Servieren 10 Minuten stehen lassen.

68. Gebackene Rigatoni und Fleischbällchen

ZUTATEN : _
- 3½ Tasse Rigatoni-Nudeln
- 1⅓ Tasse Mozzarella, gerieben
- 3 Esslöffel Parmesan, frisch gerieben
- 1 Pfund Magerer Truthahn

ANWEISUNGEN:
a) Fleischbällchen: In einer Schüssel das Ei leicht schlagen; Zwiebeln, Krümel, Knoblauch, Parmesan, Oregano, Salz und Pfeffer untermischen. Truthahn untermischen.
b) Aus gehäuften Esslöffeln Kugeln formen.
c) In einer großen Pfanne das Öl bei mittlerer bis hoher Hitze erhitzen. Braten Sie die Fleischbällchen bei Bedarf portionsweise 8-10 Minuten lang oder bis sie von allen Seiten gebräunt sind.
d) Zwiebeln, Knoblauch, Pilze, grüne Paprika, Basilikum, Zucker, Oregano, Salz, Pfeffer und Wasser in die Pfanne geben; Bei mittlerer Hitze unter gelegentlichem Rühren etwa 10 Minuten kochen lassen oder bis das Gemüse weich ist. Tomaten und Tomatenmark einrühren; zum Kochen bringen. Fleischbällchen hinzufügen
e) In der Zwischenzeit in einem großen Topf mit kochendem Salzwasser Rigatoni kochen . In eine 27 x 18 cm große Auflaufform oder einen 8-Tassen-Auflauf im flachen Ofen geben.
f) und dann Parmesan gleichmäßig darüber streuen . Backen

69.Schnelle Spaghetti-Pfanne

Macht: 4

ZUTATEN:
- 1 Pfund gemahlener Truthahn
- 1/2 Teelöffel rote Paprikaflocken
- 2 Knoblauchzehen, gehackt
- 8 Unzen. ungekochte Spaghetti, in Drittel gebrochen
- 1 kleine grüne Paprika, gehackt
- Parmesan Käse
- 1 kleine Zwiebel, gehackt
- 2 C. Wasser
- 1 (28 oz.) Gläser Spaghetti im traditionellen Stil
- Soße

ANWEISUNGEN:

a) Stellen Sie einen großen Topf auf mittlere Hitze. Darin den Truthahn mit Knoblauch, Zwiebeln und grünem Pfeffer 8 Minuten lang anbraten.

b) Fügen Sie das Wasser mit Peperoniflocken, Spaghettisauce, einer Prise Salz und Pfeffer hinzu.

c) Kochen Sie sie, bis sie zu kochen beginnen. Die Spaghetti in den Topf geben.

d) Bringen Sie es 14 bis 16 Minuten lang zum Kochen, bis die Nudeln fertig sind.

e) Besorge dir eine Rührschüssel:

f) Genießen.

70. Einfache Spaghetti

Macht: 4

ZUTATEN:
- 12 Unzen. Spaghetti
- 1 Esslöffel Olivenöl
- 1 Pfund Rinderhackfleisch
- 1 gehackte Zwiebel
- 3 gehackte Knoblauchzehen
- Salz und Pfeffer nach Geschmack
- 1 Teelöffel Zucker
- ¼ Teelöffel Kurkuma
- 2 Esslöffel Tomatenmark
- 2 Tassen Tomatensauce
- 1 Teelöffel italienisches Gewürz

ANWEISUNGEN:

a) Bereiten Sie die Nudeln 10 Minuten lang in einem Topf mit kochendem Salzwasser zu. Abtropfen lassen und beiseite stellen.

b) Das Olivenöl in einer großen Pfanne erhitzen.

c) Zwiebel und Knoblauch 5 Minuten anbraten.

d) Rinderhackfleisch, Salz, Pfeffer und Kurkuma unterrühren und gut vermischen.

e) Tomatenmark, Tomatensauce und italienische Gewürze hinzufügen.

f) 45 Minuten köcheln lassen.

g) Die Spaghetti dazugeben und mit der Soße vermengen.

71.Schrimp lo mein

Macht: 2

ZUTATEN:
- 8 Unzen. Spaghetti
- ¼ Tasse Sojasauce
- 3 Esslöffel Austernsauce
- 1 Esslöffel Honig
- ½ Zoll geriebener Ingwer
- 1 Esslöffel Olivenöl
- 1 gehackte rote Paprika
- 1 in Scheiben geschnittene kleine Zwiebel
- ½ Tasse gehackte Wasserkastanien
- ½ Tasse geschnittene Cremini-Pilze
- 3 gehackte Knoblauchzehen
- 1 Pfund geschälte und entdarmte frische Garnelen
- 2 geschlagene Eier

ANWEISUNGEN:

a) Die Spaghetti in einem Topf mit Salzwasser 10 Minuten kochen. Lass das Wasser ab.

b) Sojasauce, Austernsauce, Honig und Ingwer in einer Schüssel vermischen.

c) Das Olivenöl in einer großen Pfanne erhitzen.

d) Paprika, Zwiebeln, Wasserkastanien und Pilze 5 Minuten anbraten.

e) Knoblauch und Garnelen einrühren und weitere 2 Minuten rühren.

f) Die Zutaten auf eine Seite der Pfanne geben und die Eier auf der anderen Seite 5 Minuten lang rühren.

g) Spaghetti und Soße dazugeben und alle Zutaten 2 Minuten verrühren.

72.CHICKEN Tetrazzini

Macht: 8

ZUTATEN:
- 8 Unzen. Spaghetti
- 1 Esslöffel Olivenöl
- 4 zerkleinerte Hähnchenbrust
- Salz und Pfeffer nach Geschmack
- 1 Tasse frisch geschnittene Champignons
- 1 gehackte rote Paprika
- 1 gehackte Zwiebel
- 4 gehackte Knoblauchzehen
- ¼ Tasse Butter
- 3 Esslöffel Mehl
- ½ Teelöffel Thymian
- 1 Tasse Hühnerbrühe
- 1 Tasse halb und halb
- ¼ Tasse Weißwein
- ½ Teelöffel Knoblauchsalz
- ½ Teelöffel Oregano
- Pfeffer nach Geschmack
- ½ Tasse geriebene italienische Käsemischung

ANWEISUNGEN:

a) Die Spaghetti in einem Topf mit kochendem Salzwasser 10 Minuten kochen.
b) Das Öl in einer großen Pfanne erhitzen.
c) Paprika, Champignons, Zwiebeln und Knoblauch in der Pfanne anbraten und 5 Minuten anbraten, bis das Gemüse weich und das Huhn nicht mehr rosa ist.
d) Die Butter in einer Pfanne schmelzen und das Mehl unterrühren.
e) Rühren Sie weiter, bis eine Paste entsteht.
f) Unter ständigem Rühren langsam die Hälfte der Brühe und den Wein zugießen.
g) Die Sauce mit Pfeffer, Oregano und Thymian würzen.
h) Die italienische Käsemischung einrühren und 5 Minuten rühren, bis der Käse geschmolzen ist.
i) Das gebräunte Gemüse und das Gemüse dazugeben und 5 Minuten köcheln lassen.

73. Nudelwurstpfanne

Macht: 4

ZUTATEN:
- 1/2 Pfund mageres Rinderhackfleisch
- 2 Sellerierippen, in Scheiben geschnitten
- 1/4 Pfund große italienische Wurst
- 4 Unzen. ungekochte Spaghetti, in zwei Hälften gebrochen
- 2 (8 oz.) Dosen Tomatensauce ohne Salzzusatz
- 1/4 Teelöffel getrockneter Oregano
- 1 (14 1/2 oz.) Dosen gedünstete Tomaten
- Salz und Pfeffer
- 1 Tasse Wasser
- 1 (4 Unzen) Dosen Pilzstiele und -stücke,
- entwässert

ANWEISUNGEN:

a)   Stellen Sie eine Pfanne auf mittlere Hitze. Darin die Wurst mit Rindfleisch 8 Minuten anbraten. Entsorgen Sie das Fett.

b)   Restliche Zutaten unterrühren. Kochen Sie sie, bis sie zu kochen beginnen. Den Deckel auflegen und 15 bis 17 Minuten kochen lassen.

Servieren Sie Ihre Nudelpfanne warm. Mit einigen gehackten Kräutern garnieren.

74. Hähnchennudeln aus der Pfanne

Ergibt: 2 Portionen
ZUTATEN:
- ½ (8 Unzen) Packung Spaghetti
- 2 Esslöffel Olivenöl
- 8 Pflaumentomaten (roh) Roma-Tomaten (Pflaumentomaten), halbiert und in Scheiben geschnitten • 1 Teelöffel Knoblauchpulver
- ½ Teelöffel getrockneter Oregano
- 2 Teelöffel getrocknetes Basilikum
- 1 Prise Salz
- 1 Teelöffel gemahlener schwarzer Pfeffer
- 1 ½ Teelöffel weißer Zucker
- 1 Esslöffel Ketchup
- 3 Esslöffel Olivenöl
- 2 Hähnchenbrustfilets ohne Haut und Knochen, in dünne Streifen geschnitten
- 2 Knoblauchzehen, zerdrückt
- 1 grüne Paprika, gehackt
- 1 rote Paprika, gehackt
- 1 rote Zwiebel, gehackt
- 1 Tasse geschnittene frische Champignons
- ¼ Tasse geriebener Parmesankäse

ANWEISUNGEN:

a) Bringen Sie einen großen Topf Wasser bei starker Hitze zum Kochen. Die Spaghetti einrühren und erneut aufkochen lassen. Kochen Sie die Nudeln etwa 6–8 Minuten lang, bis sie gar, aber noch bissfest sind. Gut abtropfen lassen und warm halten.

b) 2 Esslöffel Öl in einer großen Pfanne bei mittlerer Hitze erhitzen. Die Tomaten unterrühren; kochen, bis sie weich werden und zu zerfallen beginnen. Knoblauchpulver, Oregano, Basilikum, Salz, Pfeffer, Zucker und Ketchup unterrühren. Soße erhitzen und aufbewahren.

c) Die restlichen 3 Esslöffel Öl in einer separaten Gusseisenpfanne bei mittlerer Hitze erhitzen. Hühnchen unterrühren; kochen, bis es braun ist. Zerdrückte Knoblauchzehen unterrühren; 1 weitere Minute kochen lassen.

d) Hähnchen aus der Pfanne nehmen und aufbewahren. Stellen Sie die Hitze auf hoch. Grüne Paprika, rote Paprika, Zwiebeln und Pilze in die Pfanne geben und kochen, bis sie weich werden. Gebräuntes Hähnchen unterrühren. Stellen Sie die Hitze auf mittlere Stufe und kochen Sie das Hähnchen ca. 5 Minuten lang, bis die Mitte nicht mehr rosa ist und das Gemüse gar ist.

e) Hähnchen und Gemüse mit der Tomatensauce und den heißen Nudeln vermischen.

f) Mit Parmesankäse bestreut servieren.

75.Pasta alla Norma-Pfannenauflauf

Ergibt: 4-6 Portionen
ZUTATEN:
- 12 Unzen (340 g) Spaghetti
- 2 mittelgroße Auberginen, in ¼-Zoll-Runden geschnitten
- 3 Esslöffel Olivenöl
- 1 kleine Zwiebel, fein gehackt
- 2 Knoblauchzehen, gehackt
- 28-Unzen-Dose zerdrückte Tomaten
- 1 Esslöffel Rotweinessig (optional)
- 1 Teelöffel getrockneter Oregano
- ½ Teelöffel rote Paprikaflocken (je nach Geschmack anpassen)
- Salz und schwarzer Pfeffer nach Geschmack
- ¼ Tasse frische Basilikumblätter, in Stücke gerissen
- 1 ½ Tassen geriebener Mozzarella-Käse
- ½ Tasse geriebener Parmesankäse oder Pecorino
- Olivenöl zum Einfetten

ANWEISUNGEN:

a) Heizen Sie Ihren Backofen auf 375 °F (190 °C) vor.

b) Kochen Sie die Nudeln nach Packungsanleitung, bis sie gerade al dente sind. Abtropfen lassen und beiseite stellen.

c) Während die Nudeln kochen, einen Grill oder eine Grillpfanne vorheizen.

d) Bestreichen Sie die Auberginenscheiben mit Olivenöl und grillen Sie sie etwa 3–4 Minuten pro Seite, bis sie Grillspuren aufweisen und weich sind. Legen Sie sie beiseite.

e) In einer großen ofenfesten Pfanne etwas Olivenöl bei mittlerer bis hoher Hitze erhitzen. Die gehackten Zwiebeln hinzufügen und ca. 2-3 Minuten kochen, bis sie durchscheinend werden.

f) Den gehackten Knoblauch einrühren und weitere 1-2 Minuten kochen, bis er duftet.

g) Fügen Sie die zerdrückten Tomaten, Rotweinessig, getrockneten Oregano, rote Pfefferflocken, Salz und schwarzen Pfeffer hinzu. Lassen Sie die Sauce etwa 10 Minuten köcheln, damit sie eindickt und Geschmack entwickelt.

h) Die gekochten Nudeln mit der Soße in die Pfanne geben und gut vermischen.

i) Die gegrillten Auberginenscheiben über die Nudel-Sauce-Mischung schichten.

j) Streuen Sie eine Schicht geriebenen Mozzarella-Käse über die Aubergine und die Nudeln.

k) Übertragen Sie die Pfanne in den vorgeheizten Ofen und backen Sie sie etwa 20 bis 25 Minuten lang oder bis der Käse Blasen bildet und leicht golden ist.

l) Sobald die Bratpfanne aus dem Ofen kommt, garnieren Sie sie mit zerzupften frischen Basilikumblättern und Parmesan oder Pecorino.

m) Heiß servieren, direkt aus der Pfanne.

76.Ziti und Spaghetti mit Wurst

Macht: 8

ZUTATEN:
- 1 Pfund zerbröckelte italienische Wurst
- 1 Tasse geschnittene Pilze
- ½ Tasse gewürfelter Sellerie
- 1 gewürfelte Zwiebel
- 3 gehackte Knoblauchzehen
- 42 Unzen. gekaufte Spaghettisauce oder selbstgemacht
- Salz und Pfeffer nach Geschmack
- ½ Teelöffel Oregano
- ½ Teelöffel Basilikum
- 1 Pfund ungekochte Ziti-Nudeln
- 1 Tasse geriebener Mozzarella-Käse
- ½ Tasse geriebener Parmesankäse
- 3 Esslöffel gehackte Petersilie

ANWEISUNGEN:

a) In einer Pfanne die Wurst, die Pilze, die Zwiebeln und den Sellerie 5 Minuten lang anbraten.

b) Danach den Knoblauch hinzufügen. Weitere 3 Minuten kochen lassen. Aus der Gleichung entfernen.

c) Spaghettisauce, Salz, Pfeffer, Oregano und Basilikum in eine separate Pfanne geben.

d) Die Soße 15 Minuten köcheln lassen.

e) Bereiten Sie die Nudeln in einer Pfanne gemäß den Anweisungen auf der Packung zu, während die Sauce kocht. Abfluss.

f) Ofen auf 350 Grad Fahrenheit vorheizen.

g) In eine Auflaufform Ziti, Wurstmischung und geriebenen Mozzarella in zwei Schichten geben.

h) Petersilie und Parmesankäse darüber streuen.

i) Ofen auf 350 °F vorheizen und 25 Minuten backen.

BUCATINI-NUDELN

77. One-Pan Bucatini mit Lauch und Zitrone

Macht: 4
ZUTATEN:
- 1 bis 1 1/2 Pfund Lauch
- 12 Unzen Bucatini (siehe Hinweise oben)
- 4 Knoblauchzehen, in dünne Scheiben geschnitten
- 1/4 bis 1/2 Teelöffel rote Paprikaflocken
- 2 Esslöffel natives Olivenöl extra
- Koscheres Salz
- Frisch gemahlener schwarzer Pfeffer
- 4 1/2 Tassen Wasser
- Schale einer Zitrone
- 1/2 Tasse fein gehackte Petersilie
- Parmigiano Reggiano, zum Servieren (optional)

ANWEISUNGEN:

a) Schneiden Sie zunächst das Wurzelende und die dunkelgrünen Teile jedes Lauchs ab. Schneiden Sie sie der Länge nach in zwei Hälften. Gehen Sie folgendermaßen vor, um den Lauch in lange, dünne Streifen zu schneiden: Legen Sie jede Hälfte mit der Schnittfläche nach oben, schneiden Sie sie dann erneut in zwei Hälften und wiederholen Sie den Vorgang noch einmal – im Wesentlichen teilen Sie den Lauch in Achtel. Die meisten Streifen sollten schön dünn werden, die äußersten Schichten müssen Sie bei Bedarf jedoch noch einmal halbieren. Wenn der Lauch schmutzig ist, legen Sie ihn in eine Schüssel mit kaltem Wasser, damit sich der Schmutz absetzen kann. Sobald sie sauber sind, schöpfen Sie den Lauch aus der Schüssel.

b) Lauch, Nudeln, Knoblauch, 1/4 Teelöffel rote Pfefferflocken (passen Sie die gewünschte Hitzestufe an), Öl, 2 Teelöffel koscheres Salz, frisch gemahlenen schwarzen Pfeffer und Wasser in einer großen, geraden Pfanne vermischen. Achten Sie darauf, dass die Bucatini fast flach in der Pfanne liegen.

c) Bringen Sie die Mischung bei starker Hitze zum Kochen. Die Mischung köcheln lassen, dabei die Nudeln häufig mit einer Zange oder einer Gabel umrühren und wenden, bis die Nudeln eine al dente-Konsistenz erreichen und das Wasser fast verdampft ist, was normalerweise etwa 9 Minuten dauert.

d) Zitronenschale und Petersilie dazugeben und vermengen.

e) Würzen Sie das Gericht nach Belieben mit Salz (möglicherweise müssen Sie einen weiteren halben Teelöffel koscheres Salz und mehr für Ihren bevorzugten Geschmack hinzufügen), Pfeffer und weiteren roten Pfefferflocken, wenn Sie zusätzliche Schärfe wünschen. Nach Belieben mit Parmesan servieren.

78. Tomaten-Burrata-Nudeln

Ergibt: 2-4

ZUTATEN:
- ½ Pfund Bucatini- oder Spaghettinudeln
- 3 Tassen Tomaten
- 6 Knoblauchzehen, gehackt
- ¼ Tasse Olivenöl
- ½ Teelöffel getrocknetes Basilikum
- ¼ Teelöffel zerstoßene Chiliflocken
- 8 Unzen Burrata-Käse
- Salz und Pfeffer nach Geschmack

ZUM GARNIEREN
- 1 Bund frischer Basilikum, fein gehackt
- ¼ Teelöffel zerstoßene Chiliflocken
- 4 Esslöffel geröstete Pinienkerne

ANWEISUNGEN

a) Erhitzen Sie das Olivenöl in einer großen Pfanne bei mäßiger Hitze.

b) Fügen Sie den Knoblauch hinzu und kochen Sie ihn 1 bis 2 Minuten lang, bevor Sie getrocknetes Basilikum und Chiliflocken hinzufügen.

c) Fügen Sie die Tomaten hinzu und schwenken Sie sie mit einer großzügigen Prise Salz und Pfeffer im Öl.

d) Kochen Sie die Tomaten zwanzig bis fünfundzwanzig Minuten lang.

e) Die Nudeln in kochendem Salzwasser kochen.

f) Wenn die Nudeln fertig gekocht sind, lassen Sie sie abtropfen und geben Sie sie sofort in die Pfanne.

g) Lassen Sie die Mischung noch ein paar Mal umrühren, bis die Nudeln vollständig bedeckt sind.

h) Nehmen Sie die Pfanne vom Herd und geben Sie das frische Basilikum hinzu.

i) Fügen Sie so viel Burrata-Käse hinzu, wie Sie möchten, in kleinen Stücken.

j) Mit gehacktem frischem Basilikum und Chiliflocken belegen.

k) Vor dem Servieren die Pinienkerne darüber streuen.

79. Zitronen-Basilikum-Nudeln mit Rosenkohl

Macht: 8
ZUTATEN:
- 1 (1 Pfund) Schachtel lang geschnittene Nudeln, wie Bucatini oder Fettuccine
- 4 Unzen dünn geschnittener Schinken, zerrissen
- 3 Esslöffel natives Olivenöl extra
- 1 Pfund Rosenkohl, halbiert oder geviertelt, falls groß
- Koscheres Salz und frisch gemahlener Pfeffer
- 2 Esslöffel Balsamico-Essig
- 1 Jalapeño-Pfeffer, entkernt und gehackt
- 1 Esslöffel frische Thymianblätter
- 1 Tasse Zitronen-Basilikum-Pesto
- 4 Unzen Ziegenkäse, zerbröselt
- ⅓ Tasse geriebener Manchego-Käse
- Schale und Saft von 1 Zitrone

ANWEISUNGEN:

a) Heizen Sie den Ofen auf 375 °F vor.

b) Einen großen Topf mit Salzwasser bei starker Hitze zum Kochen bringen. Die Nudeln dazugeben und nach Packungsanweisung al dente kochen. 1 Tasse Nudelkochwasser auffangen und abgießen.

c) In der Zwischenzeit den Prosciutto gleichmäßig auf einem mit Backpapier ausgelegten Backblech verteilen. 8 bis 10 Minuten knusprig backen.

d) Während die Nudeln kochen und der Prosciutto backt, erhitzen Sie das Olivenöl in einer großen Pfanne bei mittlerer Hitze. Wenn das Öl schimmert, den Rosenkohl hinzufügen und unter gelegentlichem Rühren 8 bis 10 Minuten goldbraun braten. Mit Salz und Pfeffer würzen. Reduzieren Sie die Hitze auf mittlere bis niedrige Stufe, fügen Sie Essig, Jalapeño und Thymian hinzu und kochen Sie noch 1 bis 2 Minuten lang, bis die Sprossen glasiert sind.

e) Nehmen Sie die Pfanne vom Herd und geben Sie die abgetropften Nudeln, das Pesto, den Ziegenkäse, Manchego, Zitronenschale und Zitronensaft hinzu. Etwa ¼ Tasse Nudelkochwasser hinzufügen und umrühren, bis eine Soße entsteht.

f) Fügen Sie jeweils 1 Esslöffel mehr hinzu, bis die gewünschte Konsistenz erreicht ist. Abschmecken und nach Bedarf mehr Salz und Pfeffer hinzufügen.

g) Verteilen Sie die Nudeln gleichmäßig auf acht Schüsseln oder Teller und belegen Sie jede mit knusprigem Prosciutto.

80.Eintopf-Mais-Bucatini mit Rahm

Macht: 6

ZUTATEN:
- 4 Esslöffel gesalzene Butter
- 4 Ähren gelber Mais, Körner vom Kolben geschnitten
- 2 Knoblauchzehen, gehackt oder gerieben
- 2 Esslöffel frische Thymianblätter
- 1 Jalapeño- oder roter Fresno-Pfeffer, entkernt und in dünne Scheiben geschnitten
- 2 Frühlingszwiebeln, gehackt
- Koscheres Salz und frisch gemahlener Pfeffer
- 1 (1-Pfund-Box) Bucatini
- ½ Tasse geriebener Parmesankäse
- 2 Esslöffel Crème fraîche
- ¼ Tasse frische Basilikumblätter, grob zerzupft

ANWEISUNGEN:

a) Die Butter in einem großen Schmortopf bei mittlerer Hitze schmelzen. Mais, Knoblauch, Thymian, Jalapeño, Frühlingszwiebeln und jeweils eine Prise Salz und Pfeffer hinzufügen. Unter gelegentlichem Rühren ca. 5 Minuten kochen, bis der Mais goldbraun ist und an den Rändern karamellisiert.

b) 4½ Tassen Wasser hinzufügen, die Hitze erhöhen und zum Kochen bringen. Die Nudeln dazugeben und mit Salz würzen. Unter häufigem Rühren ca. 10 Minuten kochen, bis der größte Teil der Flüssigkeit aufgesogen ist und die Nudeln al dente sind.

c) Den Topf vom Herd nehmen und Parmesan, Crème fraîche und Basilikum unterrühren. Wenn sich die Soße zu dick anfühlt, einen Spritzer Wasser hinzufügen, um sie zu verdünnen. Sofort servieren.

ORZO

81. Parmesan-Orzo

Macht: 6
ZUTATEN:
- 1/2 Tasse Butter, geteilt
- Knoblauchpulver nach Geschmack
- 8 Perlzwiebeln
- Salz und Pfeffer nach Geschmack
- 1 Tasse ungekochte Orzo-Nudeln
- 1/2 Tasse geriebener Parmesankäse
- 1/2 Tasse geschnittene frische Champignons
- 1/4 Tasse frische Petersilie
- 1 Tasse Wasser
- 1/2 Tasse Weißwein

ANWEISUNGEN:
a) Braten Sie Ihre Zwiebeln in der Hälfte der Butter an, bis sie braun sind, und fügen Sie dann die restliche Butter, die Pilze und den Orzo hinzu.
b) Alles weitere 7 Minuten braten.
c) Nun den Wein und das Wasser dazugeben und alles zum Kochen bringen.
d) Sobald die Mischung kocht, stellen Sie die Hitze auf niedrig und kochen Sie alles 9 Minuten lang, nachdem Sie Pfeffer, Salz und Knoblauchpulver hinzugefügt haben.
e) Sobald der Orzo fertig ist, belegen Sie ihn mit Petersilie und Parmesan.

82.Minziger Feta- und Orzo-Salat

Macht: 8
ZUTATEN:
- 1 1/4 Tasse Orzo-Nudeln
- 1 kleine rote Zwiebel, gewürfelt
- 6 Esslöffel Olivenöl, geteilt
- 1/2 Tasse fein gehackte frische Minzblätter
- 3/4 C. getrocknete braune Linsen, abgespült
- 1/2 Tasse gehackter frischer Dill
- Salz und Pfeffer nach Geschmack
- 1/3 Tasse Rotweinessig
- 3 Knoblauchzehen, gehackt
- 1/2 Tasse Kalamata-Oliven, entkernt und gehackt
- 1 1/2 Tasse zerbröckelter Feta-Käse

ANWEISUNGEN:
a) Kochen Sie die Nudeln gemäß den Anweisungen auf der Packung.
b) Einen großen Topf mit gesalzenem Wasser zum Kochen bringen. Die Linsen darin kochen, bis sie zu kochen beginnen.
c) Reduzieren Sie die Hitze und stellen Sie es auf den Deckel. Die Linsen 22 Min. kochen. Nehmen Sie sie aus dem Wasser.
d) Besorgen Sie sich eine kleine Rührschüssel: Kombinieren Sie darin Olivenöl, Essig und Knoblauch. Für das Dressing gut verquirlen.
e) Besorgen Sie sich eine große Rührschüssel: Geben Sie Linsen, Dressing, Oliven, Feta-Käse, rote Zwiebeln, Minze und Dill mit Salz und Pfeffer hinein.
f) Wickeln Sie eine Plastikfolie über die Salatschüssel und legen Sie sie für 2 Stunden und 30 Minuten in den Kühlschrank. Passen Sie die Gewürze des Salats an und servieren Sie ihn.

83.Eintopf-Tomaten-Orzo

Macht: 4

ZUTATEN:
- 1 Esslöffel Oliven- oder Rapsöl
- 1 rote Zwiebel, fein gehackt
- 2 Knoblauchzehen, fein gerieben
- 1 Chili, entkernt und fein gehackt
- 600g Tomaten, gehackt
- 400g Orzo
- 800 ml Gemüsebrühe
- Eine Handvoll Petersilie, grob gehackt
- Geriebener Parmesan oder eine vegetarische Alternative zum Servieren (optional)

ANWEISUNGEN:

a)   Das Öl in einem großen Topf oder einer Bratpfanne bei mittlerer Hitze erhitzen.

b)   Die gehackten roten Zwiebeln 4–6 Minuten anbraten, bis sie weich, aber nicht goldbraun sind.

c)   Den geriebenen Knoblauch und die gehackte Chili hinzufügen und eine weitere Minute kochen lassen, damit sie weich wird.

d)   Die gehackten Tomaten einrühren und 5 Minuten kochen lassen, bis sie zu zerfallen beginnen.

e)   Den Orzo dazugeben und mit der Gemüsebrühe aufgießen.

f)   8–10 Minuten kochen, bis die Flüssigkeit reduziert und der Orzo zart ist. Wenn es anfängt auszutrocknen, können Sie ein paar Esslöffel Wasser hinzufügen.

g)   Dreiviertel der grob gehackten Petersilie darüberstreuen und unterrühren.

h)   In Schüsseln servieren, mit der restlichen Petersilie und nach Belieben einem geriebenen Parmesan garnieren. Genießen Sie Ihren One-Pot-Tomaten-Orzo!

84. Hühnchen-Orzo-Pfanne

Ergibt: 4 Portionen

ZUTATEN:
- 2 Esslöffel Pflanzenöl
- 1 Pfund Hähnchenbrusthälften ohne Knochen und Haut, in 1/2-Zoll-Stücke geschnitten
- 1 Tasse Orzo (Reisnudeln)
- 2 Teelöffel gehackter Knoblauch
- 2 Tassen Wasser
- 3 Dosen gedünstete Tomaten (je 14 1/2 Unzen), nicht abgetropft
- 16 Unzen Cannellini-Bohnen aus der Dose, abgespült und abgetropft, ODER Great Northern Bohnen, abgespült und abgetropft
- 1 Teelöffel getrockneter Thymian
- 1 Teelöffel Salz
- 1/2 Teelöffel schwarzer Pfeffer
- 16 Unzen gefrorene Brokkoliröschen, aufgetaut

ANWEISUNGEN:

a) In einer großen Pfanne das Pflanzenöl bei mittlerer Hitze erhitzen.

b) Das Hähnchen dazugeben und 4–6 Minuten anbraten.

c) Den Orzo und den gehackten Knoblauch dazugeben und 5–7 Minuten anbraten, oder bis der Orzo anfängt zu bräunen.

d) Wasser, gedünstete Tomaten, Bohnen, getrockneten Thymian, Salz und schwarzen Pfeffer hinzufügen.

e) Abdecken und 15 Minuten kochen lassen, dabei gelegentlich umrühren.

f) Den Brokkoli dazugeben, wieder abdecken und weitere 5–10 Minuten garen, oder bis Brokkoli und Orzo weich sind und das Hähnchen nicht mehr rosa ist.

g) Genießen Sie Ihre Hühnchen-Orzo-Pfanne!

85. Orzo- und Portobello-Auflauf

Ergibt: 6 Portionen

ZUTATEN:
- 1/4 Tasse gehackte sonnengetrocknete Tomaten
- 1/4 Tasse kochendes Wasser
- 1 Esslöffel Olivenöl
- 2 Tassen Lauch, in Scheiben geschnitten
- 2 Tassen Portobello-Pilze, gewürfelt
- 1 Tasse frische Champignons, geviertelt
- 2 Knoblauchzehen
- 2 Tassen Orzo, gekocht
- 2 Tassen Fenchelknollen, in Scheiben geschnitten
- 2 Tassen Tomatensaft
- 2 Esslöffel frische Basilikumblätter, gehackt
- 2 Esslöffel Balsamico-Essig
- 1 Teelöffel Paprika
- 1/8 Teelöffel Pfeffer
- Gemüse-Kochspray
- 4 Unzen Provolone-Käse, gerieben
- 1/4 Tasse geriebener Parmesankäse

ANWEISUNGEN:

a) Kombinieren Sie die sonnengetrockneten Tomaten und kochendes Wasser in einer kleinen Schüssel. Abdecken und etwa 10 Minuten stehen lassen, oder bis die Tomaten weich sind. Abfluss.

b) Das Olivenöl in einer großen beschichteten Pfanne bei mittlerer Hitze erhitzen. Tomaten, Lauch, Pilze und Knoblauch hinzufügen und 2 Minuten anbraten.

c) Kombinieren Sie die Pilzmischung, den gekochten Orzo und die nächsten 6 Zutaten (Orzo bis Pfeffer) in einer großen Schüssel. Beiseite legen.

d) Geben Sie die Mischung in eine 13 x 9 Zoll große Auflaufform, die mit Kochspray bestrichen wurde.

e) Ohne Deckel 25 Minuten bei 400 Grad backen.

f) Den Provolone- und Parmesankäse über den Auflauf streuen und weitere 5 Minuten backen.

g) Genießen Sie Ihren Orzo- und Portobello-Auflauf!

86. One-Pan Orzo mit Spinat und Feta

Ergibt: 4 Portionen

ZUTATEN:
- 2 Esslöffel ungesalzene Butter
- 4 große Frühlingszwiebeln, geputzt und in dünne Scheiben geschnitten
- 2 große Knoblauchzehen, gehackt
- 8 Unzen Babyspinatblätter (8 Tassen), grob gehackt
- 1 Teelöffel koscheres Salz
- 1 3/4 Tassen natriumarme Hühner- oder Gemüsebrühe
- 1 Tasse Orzo
- 1 Teelöffel fein abgeriebene Zitronenschale (von 1 Zitrone)
- 3/4 Tasse zerbröselter Feta (3 Unzen), plus mehr zum Garnieren
- 1/2 Tasse gefrorene Erbsen, aufgetaut (optional)
- 1 Tasse gehackter frischer Dill oder Petersilie oder Koriander

ANWEISUNGEN:

a) Erhitzen Sie eine 10-Zoll-Pfanne bei mittlerer Hitze und schmelzen Sie dann die Butter. Dies sollte etwa 30 Sekunden bis 1 Minute dauern.

b) Etwa drei Viertel der Frühlingszwiebeln unterrühren, einige grüne Teile zum Garnieren aufheben und den gehackten Knoblauch hinzufügen. Unter häufigem Rühren etwa 3 Minuten lang kochen, bis es weich ist.

c) Rühren Sie den Babyspinat unter und fügen Sie ihn portionsweise hinzu, wenn nicht alles auf einmal in die Pfanne passt, und fügen Sie einen halben Teelöffel Salz hinzu. Unter gelegentlichem Rühren weiterkochen, bis der Spinat zusammengefallen ist (ca. 5 Minuten).

d) Die Brühe einrühren und zum Kochen bringen. Orzo, Zitronenschale und den restlichen halben Teelöffel Salz hinzufügen. Abdecken und bei mittlerer bis niedriger Hitze köcheln lassen, bis der Orzo fast gar ist und der größte Teil der Flüssigkeit aufgesogen ist. Dies sollte 10 bis 14 Minuten dauern, dabei ein- oder zweimal umrühren.

e) Den zerbröselten Feta und nach Belieben die Erbsen unterrühren. Den gehackten Dill dazugeben, dann die Pfanne abdecken und noch 1 Minute kochen lassen, um den Garvorgang zu beenden und die Erbsen zu erwärmen.

f) Zum Servieren mit mehr Käse und den beiseite gestellten Frühlingszwiebeln bestreuen.

g) Genießen Sie Ihren One-Pan Orzo mit Spinat und Feta!

FARFALLE/FLIEGE

87. Pasta Rustica

Macht: 4
ZUTATEN:
- 1 Pfund Farfalle-Nudeln (Fliege).
- 1 (8 oz.) Packung Pilze, in Scheiben geschnitten
- 1/3 Tasse Olivenöl
- 1 Esslöffel getrockneter Oregano
- 1 Knoblauchzehe, gehackt
- 1 Esslöffel Paprika
- 1/4 Tasse Butter
- Salz und Pfeffer nach Geschmack
- 2 kleine Zucchini, geviertelt und in Scheiben geschnitten
- 1 Zwiebel, gehackt
- 1 Tomate, gehackt

ANWEISUNGEN:

a) Kochen Sie Ihre Nudeln 10 Minuten lang in Wasser und Salz. Überschüssige Flüssigkeit entfernen und beiseite stellen.

b) Braten Sie Salz, Pfeffer, Knoblauch, Paprika, Zucchini, Oregano, Pilze, Zwiebeln und Tomaten 17 Minuten lang in Olivenöl an.

c) Gemüse und Nudeln mischen.

88. Crème Fraiche-Hähnchennudeln

Macht: 4

ZUTATEN:
- 1 Esslöffel Olivenöl
- 6 Hähnchenfilets
- ¼ Tasse Weißwein
- ¼ Tasse Hühnerbrühe
- Salz und Pfeffer nach Geschmack
- 8 Unzen. Fliege-Nudeln
- 2 Esslöffel gehackte Schalotten
- 3 gehackte Knoblauchzehen
- 1 Tasse geschnittene Pilze
- 2 Tassen Crème Fraiche
- 1/3 Tasse geriebener Parmesankäse
- 2 Esslöffel gehackte Petersilie

ANWEISUNGEN:

a) Das Öl in einer großen Pfanne erhitzen.

b) Das Hähnchen 5 Minuten anbraten.

c) Wein und Brühe angießen und mit Salz und Pfeffer würzen.

d) 20 Minuten köcheln lassen.

e) Während das Huhn köchelt, die Nudeln in einem Topf mit Salzwasser 10 Minuten kochen und abgießen. Beiseite legen.

f) Legen Sie das Hähnchen mit einer Zange auf eine Platte und würfeln Sie es in Würfel.

g) Zwiebel, Knoblauch und Pilze in die Pfanne geben und 5 Minuten anbraten.

h) Geben Sie das gewürfelte Hähnchenfleisch wieder in die Pfanne und rühren Sie die Crème Fraiche unter.

i) 5 Minuten köcheln lassen.

j) Geben Sie die Nudeln in eine Servierschüssel und gießen Sie die Soße über die Nudeln.

k) Mit Parmesankäse und gehackter Petersilie belegen.

89. Hähnchenfilets und Farfalle-Salat

Macht: 6
ZUTATEN:
- 6 Eier
- 3 Frühlingszwiebeln, in dünne Scheiben geschnitten
- 1 (16 oz.) Packung Farfalle-Nudeln (Fliegennudeln).
- 1/2 rote Zwiebel, gehackt
- 1/2 (16 oz.) Flasche Salat nach italienischer Art
- 6 Hähnchenfilets

Dressing
- 1 Gurke, in Scheiben geschnitten
- 4 Römersalatherzen, in dünne Scheiben geschnitten
- 1 Bund Radieschen, geputzt und in Scheiben geschnitten
- 2 Karotten, geschält und in Scheiben geschnitten

ANWEISUNGEN:
a) Die Eier in einen großen Topf geben und mit Wasser bedecken. Kochen Sie die Eier bei mittlerer Hitze, bis sie zu kochen beginnen.

b) Schalten Sie den Herd aus und lassen Sie die Eier 16 Minuten lang ruhen. Spülen Sie die Eier mit etwas kaltem Wasser ab, damit sie Wärme verlieren.

c) Schälen Sie die Eier, schneiden Sie sie in Scheiben und legen Sie sie dann beiseite.

d) Die Hähnchenfilets in einen großen Topf geben. Bedecken Sie sie mit 1/4 Tasse Wasser. Bei mittlerer Hitze kochen, bis das Hähnchen gar ist.

e) Die Hähnchenfilets abtropfen lassen und in kleine Stücke schneiden.

f) Besorgen Sie sich eine große Rührschüssel: Geben Sie Nudeln, Hühnchen, Eier, Gurken, Radieschen, Karotten, Frühlingszwiebeln und rote Zwiebeln hinein. Fügen Sie das italienische Dressing hinzu und mischen Sie alles erneut.

g) Den Salat für 1 Stunde und 15 Minuten in den Kühlschrank stellen.

h) Salatherzen auf Servierteller legen. Den Salat darauf verteilen.

90.Makkaroni-Meeresfrüchte-Salat

Macht: 12

ZUTATEN:
- 16 Unzen. Farfalle
- 3 gehackte hartgekochte Eier
- 2 gehackte Selleriestangen
- 6 Unzen, gekochte kleine Garnelen
- ½ Tasse echtes Krabbenfleisch
- Salz und Pfeffer nach Geschmack

Dressing:
- 1 Tasse Mayonnaise
- ½ Teelöffel Paprika
- 2 Teelöffel Zitronensaft

ANWEISUNGEN:

a) Die Nudeln in einem Topf mit kochendem Salzwasser 10 Minuten kochen. Abfluss.

b) Geben Sie die Nudeln in eine große Schüssel und rühren Sie die restlichen Salatzutaten unter.

c) Zutaten für das Dressing vermischen und mit dem Salat vermengen.

d) Abdecken und 1 Stunde kühl stellen.

91. Nudelauflauf mit Butternuss und Mangold

Zutaten : _
- 3 Tassen ungekochte Fliegenudeln
- 2 Tassen fettfreier Ricotta-Käse
- 4 große Eier
- 3 Tassen gefrorener, gewürfelter Butternusskürbis, aufgetaut und geteilt
- 1 Teelöffel getrockneter Thymian
- 1/2 Teelöffel Salz, geteilt
- 1/4 Teelöffel gemahlene Muskatnuss
- 1 Tasse grob gehackte Schalotten
- 1 1/2 Tassen gehackter Mangold, Stiele entfernt
- 2 Esslöffel Olivenöl
- 1-1/2 Tassen Panko-Semmelbrösel
- 1/3 Tasse grob gehackte frische Petersilie
- 1/4 Teelöffel Knoblauchpulver

ANWEISUNGEN:

a) Backofen auf 375° vorheizen. Nudeln nach Packungsanweisung al dente kochen; Abfluss. In der Zwischenzeit Ricotta, Eier, 1 1/2 Tassen Kürbis, Thymian, 1/4 Teelöffel Salz und Muskatnuss in eine Küchenmaschine geben; glatt rühren. In eine große Schüssel füllen.

b) Nudeln, Schalotten, Mangold und restlichen Kürbis unterrühren. Übertragen Sie es auf eine gefettete 13x9-Zoll-Platte. Backform.

c) In einer großen Pfanne Öl bei mittlerer bis hoher Hitze erhitzen. Semmelbrösel hinzufügen; kochen und rühren, bis es goldbraun ist, 2-3 Minuten. Petersilie, Knoblauchpulver und den restlichen 1/4 Teelöffel Salz unterrühren. Über die Nudelmischung streuen.

d) Ohne Deckel 30–35 Minuten backen, bis der Teig fest ist und der Belag goldbraun ist.

LASAGNE

92.Spanische Lasagne

Macht: 12
ZUTATEN:
- 4 C. gehackte Tomaten aus der Dose
- 1 (32 oz.) Behälter Ricotta-Käse
- 1 (7 Unzen) Dose grüne Chilis würfeln
- 4 Eier, leicht geschlagen
- 1 (4 Unzen) Dose Jalapeno-Paprikaschoten würfeln
- 1 (16 Unzen) Packung geraspelte Vier-Käse-Mischung nach mexikanischer Art
- 1 Zwiebel, gewürfelt
- 3 Knoblauchzehen, gehackt
- 1 (8 oz.) Packung Lasagne-Nudeln ohne Kochen
- 10 Zweige frischer Koriander, gehackt
- 2 Esslöffel gemahlener Kreuzkümmel
- 2 lbs. Chorizo-Wurst

ANWEISUNGEN:
a) Folgendes 2 Minuten kochen lassen, dann 55 Minuten auf niedriger Stufe köcheln lassen: Koriander, Tomaten, Kreuzkümmel, grüne Chilis, Knoblauch, Zwiebeln und Jalapenos.
b) Nehmen Sie eine Schüssel, vermischen Sie geschlagene Eier und Ricotta.
c) Stellen Sie Ihren Ofen auf 350 Grad ein, bevor Sie fortfahren.
d) Braten Sie Ihre Chorizos an. Anschließend überschüssiges Öl entfernen und das Fleisch zerbröckeln.
e) Tragen Sie in Ihrer Auflaufform eine dünne Schicht Soße auf und schichten Sie dann Folgendes auf: Wurst, 1/2 Ihrer Soße, 1/2 geriebener Käse, Lasagne-Nudeln, Ricotta, weitere Nudeln, die gesamte restliche Soße und noch mehr geriebener Käse.
f) Bestreichen Sie etwas Folie mit Antihaftspray und decken Sie die Lasagne ab. 30 Minuten abgedeckt und 15 Minuten ohne Deckel garen.

93.Kürbis-Salbei-Lasagne mit Fontina

Ergibt: 8 bis 10
ZUTATEN:
- 2 Teelöffel natives Olivenöl extra, plus etwas mehr zum Einfetten
- 1 (14 Unzen) Dose Kürbispüree
- 2 Tassen Vollmilch
- 2 Teelöffel getrockneter Oregano
- 2 Teelöffel getrocknetes Basilikum
- ¼ Teelöffel frisch geriebene Muskatnuss
- ¼ Teelöffel zerstoßene rote Paprikaflocken
- Koscheres Salz und frisch gemahlener Pfeffer
- 16 Unzen Vollmilch-Ricotta-Käse
- 2 Knoblauchzehen, gerieben
- 1 Esslöffel gehackte frische Salbeiblätter, plus 8 ganze Blätter
- 2 Esslöffel gehackte frische Petersilie
- 1 (12 Unzen) Schachtel Lasagne-Nudeln ohne Kochen
- 1 (12-Unzen) Glas geröstete rote Paprika, abgetropft und gehackt
- 3 Tassen geriebener Fontina-Käse
- 1 Tasse geriebener Parmesankäse
- 12 bis 16 Stück dünn geschnittene Peperoni (optional)

ANWEISUNGEN:

a) Heizen Sie den Ofen auf 375 °F vor. Eine 9 × 13 Zoll große Auflaufform einfetten.

b) In einer mittelgroßen Schüssel Kürbis, Milch, Oregano, Basilikum, Muskatnuss, rote Pfefferflocken und je eine Prise Salz und Pfeffer verquirlen. In einer separaten mittelgroßen Schüssel Ricotta, Knoblauch, gehackten Salbei und Petersilie vermischen und mit Salz und Pfeffer würzen.

c) Ein Viertel der Kürbissauce (ca. 1 Tasse) auf dem Boden der vorbereiteten Auflaufform verteilen. Fügen Sie 3 oder 4 Lasagneblätter hinzu und brechen Sie sie nach Bedarf, damit sie hineinpassen. Es ist in Ordnung, wenn die Blätter die Soße nicht vollständig bedecken. Die Hälfte der Ricotta-Mischung, die Hälfte der roten Paprika und dann 1 Tasse Fontina darüber schichten. Fügen Sie ein weiteres Viertel der Kürbissauce hinzu und legen Sie 3 oder 4 Lasagne-Nudeln darauf. Die restliche Ricotta-Mischung, die restlichen roten Paprikaschoten, 1 Tasse Fontina und dann ein weiteres Viertel der Kürbissauce darüber schichten. Die restlichen Lasagne-Nudeln und die restliche Kürbissauce hinzufügen. Streuen Sie die restliche 1 Tasse Fontina darüber und dann den Parmesankäse. Mit Peperoni belegen (falls verwendet)

d) In einer kleinen Schüssel die ganzen Salbeiblätter mit 2 Teelöffeln Olivenöl vermengen. Auf der Lasagne anrichten.

e) Decken Sie die Lasagne mit Folie ab und backen Sie sie 45 Minuten lang. Erhöhen Sie die Hitze auf 200 °C (200 °C), entfernen Sie die Folie und backen Sie das Ganze etwa weitere 10 Minuten lang, bis der Käse Blasen wirft. Lassen Sie die Lasagne 10 Minuten stehen. Aufschlag. Bewahren Sie Reste gekühlt in einem luftdichten Behälter bis zu 3 Tage auf.

94. Lasagne mit beladenen Nudelschalen

ZUTATEN : _
- 4 Tassen geriebener Mozzarella-Käse
- 1 Karton (15 Unzen) Ricotta-Käse
- 1 Packung (10 Unzen) gefrorener gehackter Spinat, aufgetaut und trocken ausgedrückt
- 1 Packung (12 Unzen) Jumbo-Nudelschalen, gekocht und abgetropft
- 3 1/2 Tassen Spaghettisauce
- Geriebener Parmesankäse, optional

ANWEISUNGEN:

a)   Backofen auf 350° vorheizen. Käse und Spinat mischen; in Muscheln füllen. In einem gefetteten 13x9-Zoll-Format anrichten. Backform. Spaghettisauce über die Schalen gießen. Abdecken und ca. 30 Minuten backen, bis es durchgeheizt ist.

b)   Nach Belieben nach dem Backen mit Parmesankäse bestreuen.

95.Hühnerlasagne

Macht: 6

ZUTATEN:
- 6 ungekochte Lasagne-Nudeln, gekocht
- 1 Tasse zerkleinertes gekochtes Hähnchen
- 1 Esslöffel Olivenöl
- ½ Pfund gehackte Pilze
- 1 gehackte rote Paprika
- 1 gehackte kleine Zwiebel
- 3 gehackte Knoblauchzehen
- ¼ Tasse Hühnerbrühe
- 8 Unzen Frischkäse
- ½ Teelöffel Oregano
- Salz und Pfeffer nach Geschmack
- 2 Tassen geriebener Mozzarella-Käse
- 3 Tassen Tomatensauce

ANWEISUNGEN:

a) Heizen Sie den Ofen auf 350 Grad F vor.

b) Das Olivenöl in einer Pfanne erhitzen und die Pilze, Paprika, Zwiebeln und Knoblauch 5 Minuten anbraten.

c) Das zerkleinerte Hähnchenfleisch, die Brühe, den Frischkäse, die Pilze, die Paprika, die Zwiebeln, den Knoblauch und den Oregano in einer Schüssel vermengen.

d) 1 Tasse Mozzarella-Käse unterrühren und mit Salz und Pfeffer würzen.

e) Gießen Sie 1 Tasse Tomatensauce in eine 9x13 große Auflaufform.

f) Erstellen Sie drei Schichten Lasagne-Nudeln, Hühnermischung und Tomatensauce.

g) Mit der restlichen Tasse geriebenem Mozzarella-Käse belegen.

h) 45 Minuten backen.

96.Südwestliche Lasagne

Macht: 6

ZUTATEN:
- 2 Esslöffel Olivenöl
- 1 gehackte Zwiebel
- 1 ½ Tassen geriebener Cheddar-Käse
- 1 Esslöffel gehackter Jalapenopfeffer
- 4 gehackte Knoblauchzehen
- 3 Tassen heißes Wurstbrät
- ½ Tasse Picante-Sauce
- 1 Teelöffel italienisches Gewürz oder nach Geschmack
- 4 Tassen Tomatensauce
- 2 Tassen geriebener Pepper-Jack-Käse
- 15 Maistortillas

ANWEISUNGEN:
a) Heizen Sie Ihren Backofen auf 350 Grad F vor.
b) Das Olivenöl in einer großen Pfanne erhitzen.
c) Knoblauch, Jalapenopfeffer und Zwiebel 5 Minuten anbraten.
d) Das Wurstbrät dazugeben und mit dem italienischen Gewürz würzen.
e) Tomatensauce und Picante-Sauce unterrühren.
f) Alle Zutaten gut vermischen.
g) Decken Sie die Pfanne ab und lassen Sie sie 15 Minuten köcheln.
h) Bestreichen Sie eine 9x13 große Auflaufform mit Antihaftspray.
i) Die Auflaufform mit 1 Tortilla, einer Schicht Wurst und Soße sowie einer Schicht Pepper-Jack-Käse belegen.
j) Erstellen Sie zwei weitere Ebenen.
k) Die dritte Schicht mit dem Cheddar-Käse belegen.
l) 45 Minuten backen.

97.Klassische Lasagne

Macht: 8
ZUTATEN:
- 1 1/2 Pfund. mageres Rinderhackfleisch
- 2 Eier, geschlagen
- 1 Zwiebel, gewürfelt
- 1 Pint teilentrahmter Ricotta-Käse
- 2 Knoblauchzehen, gehackt
- 1/2 Tasse geriebener Parmesankäse
- 1 Esslöffel gewürfeltes frisches Basilikum
- 2 Esslöffel getrocknete Petersilie
- 1 Teelöffel getrockneter Oregano
- 1 Teelöffel Salz
- 2 Esslöffel brauner Zucker
- 1 Pfund Mozzarella-Käse, gerieben
- 1 1/2 Teelöffel Salz
- 2 Esslöffel geriebener Parmesankäse
- 1 (29 oz.) Dose gewürfelte Tomaten
- 2 (6 oz.) Dosen Tomatenmark
- 12 trockene Lasagne-Nudeln

ANWEISUNGEN:
a) Knoblauch, Zwiebeln und Rindfleisch 3 Minuten lang anbraten und dann Tomatenmark, Basilikum, Tomatenwürfel, Oregano, 1,5 Teelöffel Salz und braunen Zucker hinzufügen.
b) Stellen Sie nun Ihren Ofen auf 375 Grad ein, bevor Sie etwas anderes tun.
c) Beginnen Sie, Ihre Nudeln 9 Minuten lang in Wasser und Salz zu kochen und entfernen Sie dann alle Flüssigkeiten.
d) Nehmen Sie eine Schüssel und vermischen Sie 1 Teelöffel Salz, Eier, Petersilie, Ricotta und Parmesan.
e) Ein Drittel der Nudeln in eine Auflaufform geben und alles mit der Hälfte der Käsemischung, einem Drittel der Sauce und der Hälfte des Mozzarella belegen.
f) Auf diese Weise weiter schichten, bis alle Zutaten aufgebraucht sind.
g) Anschließend alles mit etwas Parmesan bestreuen.
h) Die Lasagne 35 Minuten im Ofen garen.

98.Leckere Lasagne

Macht: 4
ZUTATEN:
- 1 ½ Pfund zerkrümelte würzige italienische Wurst
- 5 Tassen im Laden gekaufte Spaghettisauce
- 1 Tasse Tomatensauce
- 1 Teelöffel italienisches Gewürz
- ½ Tasse Rotwein
- 1 Esslöffel Zucker
- 1 Esslöffel Öl
- 5 gehackte Knoblauchzehen
- 1 gewürfelte Zwiebel
- 1 Tasse geriebener Mozzarella-Käse
- 1 Tasse geriebener Provolone-Käse
- 2 Tassen Ricotta-Käse
- 1 Tasse Hüttenkäse
- 2 große Eier
- ¼ Tasse Milch
- 9 Lasagne-Nudeln – Parboiled
- ¼ Tasse geriebener Parmesankäse

ANWEISUNGEN:
a) Ofen auf 375 Grad Fahrenheit vorheizen.
b) In einer Pfanne die zerbröckelte Wurst 5 Minuten anbraten. Eventuelles Fett sollte entsorgt werden.
c) In einem großen Topf Nudelsauce, Tomatensauce, italienische Gewürze, Rotwein und Zucker vermischen und gründlich verrühren.
d) In einer Pfanne das Olivenöl erhitzen. Dann den Knoblauch und die Zwiebel 5 Minuten lang anbraten.
e) Wurst, Knoblauch und Zwiebel in die Sauce geben.
f) Danach den Topf abdecken und 45 Minuten köcheln lassen.
g) In einer Rührschüssel den Mozzarella- und den Provolone-Käse vermischen.
h) In einer separaten Schüssel Ricotta, Hüttenkäse, Eier und Milch vermischen.
i) Gießen Sie in einer 9 x 13 großen Auflaufform 12 Tassen Soße auf den Boden der Form.
j) Nun Lasagne, Soße, Ricotta und Mozzarella in drei Schichten in der Auflaufform anrichten.
k) Parmesankäse darüber verteilen.
l) In einer abgedeckten Form 30 Minuten backen.
m) Nach dem Aufdecken der Form weitere 15 Minuten backen.

99.Ratatouille-Lasagne

Ergibt: 8–10
ZUTATEN:
- Eierteig
- Natives Olivenöl extra
- 3 Knoblauchzehen, gehackt
- 1 Tasse (237 ml) Rotwein
- 2 (28 oz. [794 g]) Dosen zerkleinert
- Tomaten
- 1 Bund Basilikum
- Koscheres Salz
- Frisch gemahlener schwarzer Pfeffer
- Olivenöl
- 1 Aubergine, geschält und klein gewürfelt
- 1 grüne Zucchini, klein gewürfelt
- 1 Sommerkürbis, klein gewürfelt
- 2 Tomaten, klein gewürfelt
- 4 Knoblauchzehen, in Scheiben geschnitten
- 1 rote Zwiebel, in dünne Scheiben geschnitten
- Koscheres Salz
- Frisch gemahlener schwarzer Pfeffer
- 3 Tassen (390 g) geriebener Mozzarella

ANWEISUNGEN:

a) Heizen Sie den Ofen auf 177 °C (350 °F) vor und bringen Sie einen großen Topf mit Salzwasser zum Kochen.

b) Zwei Blechpfannen mit Grießmehl bestäuben. Um die Nudeln zuzubereiten, rollen Sie den Teig aus, bis die Platte etwa 1,6 mm dick ist.

c) Schneiden Sie die ausgerollten Blätter in 30 cm große Abschnitte und legen Sie sie auf Backbleche, bis Sie etwa 20 Blätter haben. Lassen Sie die Blätter portionsweise in das kochende Wasser fallen und kochen Sie sie etwa 1 Minute lang, bis sie gerade noch biegsam sind. Auf Papiertücher legen und trocken tupfen.

d) Um die Sauce zuzubereiten, geben Sie in einem Topf bei mittlerer Hitze das native Olivenöl extra und den Knoblauch hinzu und braten Sie es etwa eine Minute lang oder bis es glasig ist. Den Rotwein dazugeben und auf die Hälfte reduzieren lassen. Dann die zerdrückten Tomaten, Basilikum sowie Salz und Pfeffer hinzufügen. Lassen Sie es etwa 30 Minuten lang auf niedriger Stufe köcheln.

e) Für die Füllung in einer großen Bratpfanne bei starker Hitze einen Spritzer Olivenöl, Auberginen, Zucchini, Kürbis, Tomaten, Knoblauch und rote Zwiebeln hinzufügen. Mit Salz und frisch gemahlenem schwarzem Pfeffer würzen.

f) Zum Anrichten die Sauce auf den Boden einer 22,9 × 33 cm großen Auflaufform geben. Legen Sie die Nudelblätter leicht überlappend nach unten und bedecken Sie den Boden der Form. Geben Sie das Ratatouille gleichmäßig auf die Nudelblätter und streuen Sie Mozzarella darüber. Fügen Sie die nächste Schicht Nudelblätter gemäß der gegenüberliegenden Anleitung hinzu und wiederholen Sie diese Schichten, bis Sie den oberen Rand erreichen oder die gesamte Füllung aufgebraucht ist. Etwas Soße gleichmäßig über das obere Blech verteilen und mit etwas Mozzarella bestreuen.

g) Legen Sie die Lasagne in den Ofen und kochen Sie sie etwa 45 Minuten bis 1 Stunde lang. Lassen Sie es etwa 10 Minuten abkühlen, bevor Sie es schneiden und servieren.

100.Peperoni-Lasagne

Macht: 12
ZUTATEN:
- 3/4 Pfund Rinderhackfleisch
- 1/4 Teelöffel gemahlener schwarzer Pfeffer
- 1/2 Pfund Salami, gehackt
- 9 Lasagne-Nudeln
- 1/2 Pfund Peperoniwurst, gehackt
- 4 C. geriebener Mozzarella-Käse
- 1 Zwiebel, gehackt
- 2 Tassen Hüttenkäse
- 2 (14,5 Unzen) Dosen gedünstete Tomaten
- 9 Scheiben weißer amerikanischer Käse
- 16 Unzen. Tomatensauce
- geriebener Parmesankäse
- 6 Unzen. Tomatenmark
- 1 Teelöffel Knoblauchpulver
- 1 Teelöffel getrockneter Oregano
- 1/2 Teelöffel Salz

ANWEISUNGEN:
a) Braten Sie Peperoni, Rindfleisch, Zwiebeln und Salami 10 Minuten lang an. Überschüssiges Öl entfernen. Geben Sie alles mit etwas Pfeffer, Tomatensauce und -mark, Salz, gedünsteten Tomaten, Oregano und Knoblauchpulver in Ihren Slow Cooker und lassen Sie es 2 Stunden lang kochen.
b) Schalten Sie Ihren Ofen auf 350 Grad ein, bevor Sie fortfahren.
c) Kochen Sie Ihre Lasagne 10 Minuten lang in Salzwasser, bis sie al dente ist, und entfernen Sie dann das gesamte Wasser.
d) Tragen Sie in Ihrer Auflaufform eine dünne Schicht Soße auf und schichten Sie dann Folgendes auf: 1/3 Laqsagna, 1 1/4 Tasse Mozzarella, 2/3 C. Hüttenkäse, amerikanische Käsescheiben, 4 Esslöffel Parmesan, 1/3 Fleisch. Fahren Sie fort, bis die Schüssel voll ist.
e) 30 Minuten kochen lassen.

101. Slow Cooker-Lasagne

Macht: 8

ZUTATEN:
- 1 Pfund Rinderhackfleisch
- ½ Pfund zerkrümeltes italienisches würziges Wurstfleisch
- 1 gehackte Zwiebel
- 3 gehackte Knoblauchzehen
- 1 Tasse geschnittene Pilze
- 3 Tassen Tomatensauce – hausgemacht ist gut, und im Glas ist gut
- 1 Tasse Wasser
- 8 Unzen. Tomatenmark
- 1 Teelöffel italienisches Gewürz
- 12 Unzen. ofenfertige Lasagne-Nudeln (nicht die normale Sorte)
- 1 ¼ Tassen Ricotta-Käse
- ½ Tasse geriebener Parmesankäse
- 2 Tassen geriebener Mozzarella-Käse
- 1 zusätzliche Tasse geriebener Mozzarella-Käse

ANWEISUNGEN:

a) Rindfleisch, Wurst, Zwiebeln, Knoblauch und Pilze in einer großen Pfanne 5 Minuten anbraten.

b) Eventuelles Fett abtropfen lassen.

c) Sauce, Wasser, Tomatenmark und italienische Gewürze einrühren und gut vermischen.

d) 5 Minuten köcheln lassen.

e) Ricotta, Parmesan und 2 Tassen Mozzarella-Käse in einer Schüssel vermischen.

f) Bilden Sie Schichten (2 bis 3) aus Fleisch, Soße, einer doppelten Schicht Lasagne (in zwei Hälften teilen) und einer Käsemischung.

g) Mit 1 Tasse geriebenem Mozzarella-Käse belegen.

h) 4 Stunden auf niedriger Stufe kochen.

ABSCHLUSS

Zum Abschluss unserer Reise durch „Beherrschen sie die kunst, nudeln in einer pfanne zuzubereiten" hoffen wir, dass Sie nicht nur die Freuden des unkomplizierten Kochens entdeckt haben, sondern auch die Kunst beherrschen, mit Leichtigkeit köstliche Pastagerichte zuzubereiten. Das Kochen von Nudeln in einer Pfanne bietet den Komfort einer minimalen Reinigung und liefert gleichzeitig maximalen Geschmack.

Wir ermutigen Sie, weiterhin Rezepte für One-Pan-Pasta zu entdecken, mit neuen Zutaten zu experimentieren und Ihre unkomplizierten Kreationen mit Familie und Freunden zu teilen. Jedes Gericht, das Sie zubereiten, ist ein Beweis für Ihre Kochkünste und Ihre Fähigkeit, den Kochprozess zu optimieren.

Vielen Dank, dass Sie sich uns bei diesem unkomplizierten Abenteuer angeschlossen haben. Wir sind davon überzeugt, dass die Kenntnisse und Fähigkeiten, die Sie erworben haben, Ihre kulinarische Reise weiterhin bereichern und das Kochen zu einem angenehmen und effizienten Erlebnis machen werden. Viel Spaß beim Kochen, Pfanne für Pfanne!

www.ingramcontent.com/pod-product-compliance
Lightning Source LLC
Chambersburg PA
CBHW071314110526
44591CB00010B/877